弁護士だけが知っている

ムダにモメない33の方法

佐藤大和
Yamato Satou

Discover
ディスカヴァー

はじめに

はじめまして。弁護士の佐藤大和です。

簡単に自己紹介をさせていただきますと、私は弁護士事務所「レイ法律事務所」の代表を務めております。

弊所ではメディア・エンターテインメント分野の法的トラブルや、いじめ問題などの学校事故、家庭内トラブルなどの家事事件、交通事故、解雇・残業代・退職金などの労働事件、債務整理、ママ友トラブル、刑事事件、企業法務、起業サポートなど幅広い業務を取り扱っています。もちろん、私自身も弁護士として、２０１４年４月の設立以来、多くのトラブルを解決してまいりました。

今回はこの本をお手に取っていただいたみなさまに、**弁護士として、モメ**

ごとを解決するためのコミュニケーションの技術についてお伝えいたします。

弁護士とコミュニケーション——。一見あまり関係がなさそうに思われるかもしれません。しかし私がこうしてコミュニケーションをテーマにした本を上梓したいと考えたのは、他ならぬ私が弁護士としての業務中に感じている、ある想いがきっかけでした。

「小さなモメごと」が「大きな争いごと」に変わっていく

私の事務所には毎日、多くの相談者がいらっしゃいます。

「仕事で上司とうまくいかず、ついに争いごとになってしまった」
「離婚をしたいけれど、どうすればよいのか？」
「ママ友とトラブルになってしまい、裁判を考えている」

……など、相談事の内容は十人十色ですが、こうした相談者の怒りや苦しみを聞いていると、共通して強く感じることがあります。

それは、

「どうして、ここまでこじれてしまったんだろう？」

という悲しみです。

モメごとというのは、最初からモメごとであったわけではありません。そこには数多くの要因があり、それが積もりに積もって、大きな問題へと変わっていってしまうのです。

深い悩みを抱える相談者の方々と話を続けているとわかるのですが、決定的な争いに発展する前の段階で、「小さなモメごと」が数多く積み重なっている場合が大変多いのです。

たとえば「最近話をしてくれなくなった！」ですとか、職場なら、「上司が急に冷たくなり、他の社員を明らかにひいきしている」など、日常で感じる小さな不満が不信感となり、周囲を巻き込む争いへと発展してしまっているのです。

もちろん、問題が大きくなってしまったら、それを解決するのは法律事務所の仕事です。しかし、モメごとが小さいうちは、**コミュニケーションを少し変えるだけで、驚くほどたやすく解決してしまうものなのです。**

職業柄、私には多くのコミュニケーションをとる機会があります。弁護士とは、相談者の悩みを聞き、コミュニケーションをとるなかでベストな方法を探り、解決の道へと一緒に歩んでいく仕事だからです。

そんな相談者との経験から得た、モメごとを起こさないコミュニケーションのノウハウをみなさんにお伝えすることができないか——。そんな想いでこの本は生まれました。

人間関係は「対応」と「演出」が10割

この本でお伝えしたいことをとてもシンプルに言うと、**人間関係は「対応」と「演出」でよい方向に変えられる**ということです。

あなたがもし人と「モメたくない、なるべくいい関係でいたい」と思ったとき、あなたにできることはなんでしょうか？

たとえば、モメたくない、仲良くしたいと伝えても、残念ながら効果は薄いでしょう。なぜなら、他人の考えかたを根本から変えるという行為は、とても難易度の高いものだからです。

では、相手と自分との「かかわり方を変える」と聞くとどうでしょう？

かかわり方を変えるとは、相手に対しての対応や、自己演出を変えることです。相手を変えるのは難しいですが、自分の行動を変えるのは、それと比べてずいぶんハードルが低いものではありませんか？

本書では自分自身の行動を変えることで、人間関係を円滑にし、モメない人になるための方法をお伝えします。

第1章では、人間関係が円滑な人が意識的あるいは無意識的に行っている行動や振る舞いのスタンスをお伝えいたします。

第2章では、それを踏まえたうえで、モメごとを起こさないためのコミュニケーションのテクニックをお伝えします。

しかし、いくら気をつけていても争いごとに巻き込まれることはありません。そんな人のために、第3章では、モメてしまったときの相手への対応術を紹介いたします。

どれもコミュニケーション上手になるために役立つ、簡単なコツを選りすぐったつもりです。ぜひみなさんも本書を読み、円滑な、争わない人間関係を築いてみてください。

目次

第2章

無駄にトラブルを起こさない人になる15のコミュニケーションの技術

第3章

起こってしまったモメごとを解決する10のトラブル対応術

第1章

人間関係が円滑な人が知っている8つのこと

1

人間は偏見のかたまりであることを知っている

人は、見たものや聞いたものに支配される生き物であるこの本を開いているみなさんの誰もが、まず間違いなく争いたくないし、傷つきたくないと思っているはずです。争いごとが好きな人間なんて、この世にはいません。ではどうすれば、争うことなく円滑な人間関係をつくることができるのでしょうか？

そのためにまずは、人間がそもそも「偏見」のかたまりであることを理解しなくてはなりません。

偏見とはそもそも、もとを正せば、自分の経験によって形づくられる価値観のことです。人は見たものをもとに考え、生きています。けれど人は誰もが同じものを見て、同じように考えているわけではありません。だからこそ、**どれだけ公平にものを見ているように思えても、偏った考えかたや、ものの見方をしてしまうもの**なのです。

そうしてつくられた自分の価値観と相手の価値観は当然、同じものではないので、ずれが生じます。そういったずれがストレスになって、悲しんだり、苦しんだり、悩んだりしてしまいます。それが蓄積していくことによって、争いが生じる――これこそが人間関係のトラブルの正体です。

弁護士である私のところに来る相談者も、この「偏見」に悩まされている人ばかりです。

他人や組織、社会とうまくいかないことで生じた問題が、いつしか自分では解決できないサイズまで膨れ上がり、私の事務所へとやってくるのです。

この本を読んでいるみなさんはまだ、法律事務所へ相談に行くほどの悩みを抱えているわけではないかもしれません。しかし、だからこそ今のうちに人間が偏見のかたまりであるということを理解する必要があるのです。

学校や職場、恋愛、離婚や借金、近所トラブルなどで、人が悩んだり苦しんだり傷ついたりするとき、そこには、必ず原因や理由があります。価値観が違うのは、人それぞれ生まれてきた環境も生きている地域も、そして経験や学んできたことも異なるからです。

偏見を否定するのではなく、受け入れる

では、そんな世の中で、人間関係で傷つかないようにするためにはどうすればよいでしょうか？

先ほどお話しした通り、自分と相手の価値観、経験との摩擦がストレスを生じさせます。人間関係が円滑な人は、ここにストレスを感じません。

まず、それぞれの立場、すなわちAの価値観とBの価値観は違う、ということを理解しましょう。争いごとを起こしがちな人は、自分の価値観は絶対だと考え、それ以外の価値観を受け入れられずにストレスを感じます。

人と話をするときに、腹を立て「なぜ、そんなふうに思うの？」「なぜ、そんなことを言うの？」と口にする人は要注意です。価値観の違いに明確な理由づけをしようとしても無駄です。こういった話になりかかったら、見てきたものが違うから価値観も違う、ということ以上には踏み込まないようにしましょう。コミュニケーションの大前提は、**相手の価値観も、ひとつの価**

値観として受け入れることなのです。

「あいつはなんか嫌い」「あいつとは話が合わない」というのも同じです。それで良いのです。その直感は、今までの経験が元になっている場合がほとんどです。価値観や経験が違うわけですから、すべてを好きになることも、最初からすべての話が合うこともありません。まずはその前提を理解するだけでもストレスの感じ方が違ってきます。

自分を「国」と考えてみる

ストレスを抱える人には2つのタイプがあります。

ひとつは、「価値観が違うからもう話さない」「趣味が合わないからもう会わない」、すなわち、自分は間違っていない、人の価値観は理解できない、という人です。こういった人は自分の感覚や意識が敏感過ぎることでストレスを抱え込んでいます。

もうひとつは、逆に自分の価値観が間違っているので、人の価値観に合わせよう、と考える人です。こういった人は、逆に何でもかんでも他人に合わせなければと頑張ることでストレスを抱え込んでいます。

どちらにしても、ひとりひとりが「自分の国」なんだ、と思うことが大事です。日本とアメリカが言葉も違うし体格も文化も違うように、違っていて当然であると理解すれば、違いを受け入れることが容易であると感じるはずです。相手は偏見を持っている。異なる経験や文化で生きてきたのだから、違うのは当たり前、分かり合えないのは仕方のないことだと思いましょう。

「人はみんな価値観や経験は違う」のは当然である、ということを理解すれば、自分をもっと俯瞰的に見ることができるようになります。

相手との争いを回避するために、相手の価値観について客観的に洞察したり、価値観の違いを明確に理解しているからこそ、逆に合わせられるところは合わせても、合わせられないところは合わせなくともよい、と考えるようになれます。この「偏見」を受け入れるという考え方には、これからお伝えするコミュニケーションの技術に必要な観点がたくさん詰まっているのです。

2

自分がワガママな人間であると知っている

「相手に対して欲しがりすぎている自分」を理解する

人は好むと好まざるにかかわらず、どうしても「自分はこうしたい」という欲求で行動してしまうものです。もちろん、私もそうです。

ただ、みなさんと違うのは、私はその気持ちを「自分のワガママ」だと考えているということです。なぜ自分の欲求はワガママなのでしょうか？　これから詳しく説明していきます。

私たちの欲求はすべて「ワガママ」である

「こうしたい」という欲求はなぜ生まれるのでしょうか？

たとえば、あなたは今、お腹が空いていて、ご飯が食べたいと考えているとします。なぜそう考えるのかというと、それはご飯を食べることでお腹が膨らむというあなたにとってのメリットがあるからです。

それがたとえ一人にいいことをしたい」という、相手のためになる欲求であっても同じです。誰かにいいことをすることで自分が満足するから、それをするのです。

つまり、**自分から湧き出る欲求というのはすべて、「自分にとって、なんらかのよい影響をもたらすもの」。だから、欲求として心の中に浮かび上がってくる**ということです。

この欲求がネガティブなものであれば、より明確に理解できます。

たとえば、ストーカー問題や恋愛トラブルは、このワガママの押しつけ合いであることが多いです。「好きだ」「愛している」と言って迫るストーカーはただ、「相手を自分のものにしたい」というワガママを押し通そうとしているだけなのです。

「自分はワガママだ」と思うくらいがちょうどいい

このことから、私たちは基本的に「相手に対して欲しがりすぎている」「相手に対して求めているものが大きすぎる」ということを理解しておく必要があります。つまり「自分はワガママだ」と思っているくらいがちょうど良いということです。

争わない人は、謙虚にふるまいます。

「もう少し相手のことを考えよう」「これはやりすぎかな」などと考えることで、自分をコントロールできるのです。

あなたも自分が何か行動を起こそうとするときに、「自分はワガママになっていないだろうか？」と考えてみてはいかがでしょうか？

ワガママになるのはいけない、というのではありません。むしろ、人が生きていく以上、自分の欲求を満たすためにワガママになってしまうことは避けられません。しかし、**「自分はワガママだ」と自覚するだけで、自分と相手との摩擦を圧倒的に減らすことができる**ようになるのです。

3

自分のストレスの正体を知っている

争いごとを未然に防ぐ「嗅覚」を身につけるためには？

自分がどこでストレスを感じるのか、喜怒哀楽のポイントはどこにあるのかを理解しておくだけで、思わず怒ってしまう場面を回避して、大幅に争いごとを減らすことができます。

つまり、**人と争わない、円滑な生活を送っている人は、そもそも争いになりそうな瞬間を自然に避けている**のです。

たとえば「今想像していることが起きると自分は傷つくだろうな」と思ったら、私はそこから逃げるようにしています。

わかりやすい例が飲み会です。「この飲み会に行ったら嫌な思いをしそうだ」と思ったら行きません。それは会社であっても同じことです。「これ以上は精神的に追い詰められてしまう」というポイントを理解しておくだけで、人間はプラス思考でハッピーに生きられます。

同時に「こうすれば回避できる」ということも把握しておくことです。いきなり嫌なことがあるとストレス度は高くなりますが、ある程度、予測できていれば大丈夫になります。不意打ちのパンチのダメージは大きいですが、防御をしているとしのげるものです。

ストレスのポイントを見つける

では、自分のストレスのポイントはどうやって知るのでしょう?

それは、**イラッとしたときに、何にイラッとしたかを考えること**です。1日動いていたら、仕事でも、プライベートでも、3つか4つくらいはイラッとするポイントがあるはずです。

キーボードを勢いよく叩く人っていますよね。私はあのカチカチという音が苦手です。キーボードを叩く音が聞こえてきたらイヤホンをして、好きな曲を聞いて避けるようにしています。

朝は何時に起きたら心地よいとか、こういう寝方をしたらスッキリ起きれるとか、そういうことも知っておくといいでしょう。

私は目覚まし時計に起こされるのは不快で、太陽に起こされると気持ちいいと感じます。だから、太陽に起こされるように、夜、寝る前はカーテンを開けておいて太陽の光を浴びるようにしています。

ストレスは我慢するより、逃げる方法を考えたほうがよほど良い結果をもたらします。「どんなことで自分はストレスを感じるのか」を知っておけば、対策を用意しておくことができるからです。

人間関係にも同じことが言えます。

Aさんと会うと気持ちがいいけど、Bさんは苦手だということもあるでしょう。Bさんの何が苦手なのかを知っていれば、Cさん、Dさんと会うときに「こういうことがあったら嫌な気持ちになるだろう」とある程度、予防線を張っておくことができるでしょう。

4

自分が何に喜びを感じるのかを知っている

一番効率的なストレス発散のススメ

争いごとを起こさずに円滑な人間関係を築く人は、ストレスの発散方法を知っています。**ストレスを自らの手でなくす方法を知っていれば、無駄にいらだったり、心が乱れたりすることなく生活できる**からです。

自分のストレスの正体と、そのストレスを避ける方法を知ったとしても、どうしようもなく避けられないストレスはあります。避けることができない仕事や人間関係もあることでしょう。

そんなときに、気持ちを発散するためのストレス解消法を知っていると、生活がうまく回るようになります。

たとえば山に行くとか海に行くとか、遠くに行けないときは読書をする、マンガを読む、カラオケに行く、などです。

ストレスの発散方法は人によって違いますし、その効能もまちまちです。だから、自分が一番、ストレスを発散できる、効率のよい方法を把握しておくことが大切です。

私のところに来る相談者は、男女トラブルでも債務整理でも労働トラブルでもそうですが、自分のことをわかっていません。

「ストレスを発散してはどうですか？」とアドバイスしても「何で発散したらいいのかわからない」という人は、実はとても多いのです。

ストレス発散は、集中して行う

ストレス発散は、好きだからこれをしている、となんとなく行うのではなく、「これがストレスの発散になっている」と意識することが重要です。

だらだらと自分の好きなことをしていると、いつしか人はその状況に慣れてしまいます。慣れた状況になっていくと効果も薄れてしまうのです。

なので、**ストレス発散は、ジムでのトレーニングの一環のように、時間を決めて、サクッと終わらせられるものが理想的**です。

私のストレス発散方法のひとつはカラオケです。

カラオケに行って歌うというより、大声を出すことが発散になっています。歌が苦手な私はひとりで行ったり、本当に仲のいい友人と行ったりして、その分、大声で歌います。時間を決めて、数曲歌い終わる頃には自分の心にある苦しさはだいぶ和らいでいるものです。

自分が何に喜ぶのかを探す行為は、自分と向き合うことであり、自分自身にしか答えは見つけられません。

たとえば「カラオケがストレスの発散になる」という情報を信じてカラオケに行ったとしても、本当にそれがストレスの発散になるのでなければ意味のないことです。

ぜひあなたも、あなただけのストレスの発散方法を見つけてください。

5

人間関係のルールには正解がないことを知っている

争いごとに巻き込まれない「郷の入りかた、郷の従いかた」を学ぶ

人間関係のルールで難しいのは、絶対的なルールが存在しないことです。

一匹のカラスがいたとして、あるコミュニティでは黒だと主張できても、他のコミュニティでは白だったり、赤だったりすることもあります。人間は偏見のかたまり（P16）なので、偏った見解が集まれば、ルールや導き出される答えが変わってしまうのです。コミュニケーションがうまい人は、このルールの差に柔軟に対応しています。

会社内でストレスを抱えている方はとても多いと思いますが、あなたが正しくて周囲が間違っていると考えているのであれば、危険です。先ほど申し上げたように、もしかしたら、その場においてはあなたが間違っていて、周囲が正しい場合もあるからです。

この「ルールの差」を誤ると、「なんで理解してくれないの？」「なんでそういうことを言うの？」と考えてしまうようになります。

あなたが学生時代に経験したアルバイトでは同僚と友達になることが多

かったと思います。また、会社に入社した新入社員時代では同期を友達にして仲間意識を強めます。

「友人として」の砕けた関係性や、なんでも言い合える関係性は、もちろんかけがえがないものですし、大切にしなくてはなりません。

しかし、会社でのチームと友達は違います。

環境に合わせて、常に自分のスタンスを微妙に変えながら、コミュニケーションをとらなくてはならないのです。

「郷に入っては郷に従う」が吉

そういった柔軟なコミュニケーションに難しさを感じるのであれば、最初は受け身のスタンスをとることをお勧めします。

つまり、「郷に入っては郷に従え」ということです。

会議や会話の中で、コミュニケーションを深めるために自分から発言をすることをいったんやめて、まずは静観してみてください。つまり、相手に**柔**

軟に合わせる能力や期間が足りていないと感じるのであれば、思い切って相手のスタンスの真似をしてみる、ということです。

コミュニティの中で、最も発言権が多い人や、みんなの輪の中心にいるような影響力のある人の言動を参考にしましょう。

いつも一番最初に会話をはじめる人、そのコミュニティの雰囲気を作っている人を探して、その人と同じ考え方で回答したり、行動してみたりすると良いでしょう。

もちろん、本心までその人に染まらなくてはならない、ということはありません。しかし、少なくともその場の空気が読めるまでは、空気に慣れるという意味でも、同じ立場になって考えてみることで、意見の相違による争いを減らすことができます。

6

夜は考えごとに向かないことを知っている

悲観的な人間にならないために、
時間で区切って悩む

人が悩みやすい時間帯は、じつは夕方以降である、ということを知っていますか？

太陽がさんさんと輝いているときより、日没や曇りの日のほうが、人は悲しい気持ちになりやすくなります。夜は気持ちを落ち着ける効果もありますが、同時にどこか、心が暗く落ちていく時間でもあるのです。

こういったタイミングで悲観的になると、悪いことばかりを考えてしまうようになります。

夜になると、人は「悲劇のヒーローあるいはヒロイン」になってしまいがちです。

悲劇のヒーロー（ヒロイン）というのは心が弱ってしまい「この世で私が一番苦しんでいる」と思うくらい気持ちが落ち込んでいる状態を指します。また、逆に「私が苦しんでいるのは私が悪いからだ」と過度に自分を悪者にしたり、逆に相手を悪者にしたりしてしまいがちです。

私は夜に深く考えないようにしています。

夜はどうしても重たい話題について考えがちですが、朝になると「あれ、なんであんなことを考えたんだ？」となることも多いからです。

メールも感情的な文章になってしまうので、夜にはなるべく書かないようにしています。夜が深まれば深まるほど、感情のブレ幅は激しくなります。だからブレが大きいときに重要なことはやらない、ということを徹底するといいのです。

このことを実感する、典型的な出来事として、相談者からの連絡は、夕方以降や天気の悪いほうが多いことが挙げられます。

相談者の特徴のひとつとして、心理的に不安定であるということがあります。ずっと不安定というのではなくて、夕方以降や天気の悪い日に不安定になってしまうのでしょう。とても感情的になっている場合があります。

そのため、相談者とはなるべく午前中か夕方より前に会うようにしています。理由は簡単です。その時間だと相談者は冷静だからです。日中に会うと冷静な相談者も、夜になると不安定になるのです。また同じ理由で、依頼者と争っている相手方にも、午前中や夜になる前に連絡をとります。

時間帯に感情が支配されることを理解する

夜は理性を失いやすい時間帯でもあります。夜は悲劇のヒーロー（ヒロイン）になってしまって自分を傷つけてしまう時間だということを自覚してください。

なので、夜に落ち込んでいるなら、落ち込んでいるのは自分や誰かが原因ではなくて夜のせいなんだと、夜が悪いと思うことです。夜を悪くいっても誰も傷つきません。

夜に嫌なことを思い出しても、いい解決策は浮かびません。いっそ、何も考えずにさっさと寝てしまうのが得策です。

また、これは自分自身でなく相手に対しても有効な考え方です。

感情的になりがちな人が周囲にいるのであれば、相談の連絡が来たとしてもなるべく夜に聞かないようにする。そうすれば、争いごとを運んできてしまいがちな人と衝突してしまうことを避けられるのです。

7

人は無視してもいいということを知っている

傷つく必要のないことにいちいち傷つかない人になる

他者との関係で傷つく人の大多数は、必要以上の付き合いが原因であることを知らなくてはなりません。

踏み込みすぎたり、近づきすぎたりして、他人の感情に振り回されないよう、ときには相手の感情を無視することも大切なのです。

事務所で相談者の話を聞いていても、「相手の感情にそこまで付き合う必要はない」と思うことがあります。

離婚相談や不倫などの男女の相談では、怒りで攻撃的になる人と同じくらい、相手の気持ちを考えすぎてなかなか前に進めない人もいます。

もちろん、情がありすぎて縁を断ち切れない気持ちもわかります。しかし、他人のせいで心を崩してしまうようでは本末転倒です。

男女トラブルにせよ、会社や学校内での人間関係にせよ、情が残っていると、相手に裏切られてさらに傷ついてしまうこともあります。このように、相手に振り回されてしまう状況は、そのまま続けたあげくに悲しい結果に終わることも多いのです。

耐えられないなら関係を断ち切ってもいい

自分が傷つくのなら、無視をしたほうが自分を守れるということを先ほどお伝えしました。しかし、それでも自分に負担がかかってしまうような状況になったら、いっそのこと、相手との関係を断ち切ることも選択肢に入れてはいかがでしょうか。

人と人とのコミュニケーションは昔に比べて希薄になっているように感じます。しかし、人との縁を切るということに関しては昔以上に臆病になっているように思います。

その根底にはどこか「嫌われたくない」という気持ちがあります。

人間関係が豊かな人は、嫌われることを恐れません。客観的に、自分の軸を持って、ストレスをためずに相手と関わっていくからです。

もし関係性のコントロールを自分でできないのであれば、ルールを作ることをお勧めします。

私は相手から3回、我慢できないことをされると縁を切ると決めています。人を好きになるのも、嫌いになるのも、嫉妬する、恨む、すべて感情を使うことです。自分の感情は無限に湧き出るものではありません。いずれの感情も、お金のように、使えば使うほどにすり減っていきます。

そう考えると、我慢できないくらいの怒りに直面するのはお金を無駄遣いしているような感じがして、どこかもったいなく感じませんか？　無駄なお金を使わないように、感情を使わないために「無視」の考えを取り入れてみましょう。

人の感情に付き合ってしまう人は優しい人です。でも、その優しさが自分を傷つけ、そうしてささくれ立った心が争いを引き寄せるのです。

8

最後は逃げ出してもいいということを知っている

「背水の陣」は絶対にしてはいけない

「背水の陣」という言葉があります。

「もうこれで後がない」と覚悟を決める際に使われる言葉です。でも、私は背水の陣で挑もう、と考えることはダメな行為だと思っています。

背水の陣で臨むということは、裏を返すと、本当に逃げ出せなくなり、追い詰められてしまう、ということです。

世の中の人々は、「背水の陣」であると決めつけることで、自ら重圧を感じてしまいがちです。その結果、心を崩して、周囲にマイナスの影響を与えてしまっていては本末転倒ではないでしょうか。

追い詰められたら、逃げ出してもいいのです。

追い詰められて「ダメだ！」と思ったら、逃げることが重要です。**円滑な人間関係を送る人は、どうしてもダメなら逃げ出してもいい、というどこか余裕のある心持ちがあります。**

安心するために、逃げ道を用意する

「背水の陣」はやめにして、常に逃げ道を用意しておきましょう。

職場で悩む人は「この会社しかない！」と思うから悩み、苦しみ、傷ついてしまうのです。もちろん、仕事は大事です。しかし、会社の仕事に99％の力をふりしぼったとしても、1％は逃げる余地を残しておかなければ、もしダメだったときにあなたの行き場所はなくなってしまいます。

友人関係も同様に、「わかりあえる友達は彼、彼女しかいない」と考えてしまうと、トラブルが起こった際に、逃げ出す先がなくなります。

逃げるためには準備が必要です。

準備とは、仕事であれば何か自分の仕事の領域外の勉強をしておくとか、資格を取っておくとか、役に立つ情報を仕入れておく、といったことです。友人関係であれば、全く関係のないコミュニティで交流を作っておくことで、何か失敗をしたり、トラブルに見舞われたりした際に逃げ道を残せます。

逃げる準備とは、次の一手のための準備であり、決してネガティブなことではありません。この**次の一手を持っている人は、精神的な余裕を持つことができ、強い自分でいられます。**

「逃げていいかどうか」の判断基準を持つ

もちろん、自分を追い込むことは大事です。追い込むことでプラスのパワーが生まれることもあります。また、追い詰められることで自分が成長することができます。

しかし、マイナスに向かいそうなら逃げるべきです。

「追い込まれているけど、これを耐えれば成長できる」というメリットが苦しさに勝るのであれば我慢してもいいでしょう。

しかし、「これ以上耐えていたら、身を滅ぼしてしまう」と思ったときは、逃げることを視野に入れます。要は、**逃げていい場面と逃げてはいけない場面の線引きをするべき**だということです。

重たい話になりますが、私の相談者で、最後まで逃げることができずに、自ら命を絶ってしまった人がいました。債務整理の依頼で来られた方で、追い詰められてのことでした。

その方の借金はゼロになり債務整理は完了しました。しかし、人生のリスタートができないと、将来を悲観してしまったのです。残念ながら「借金がゼロになったから逃げられる。生きていれば、次に一歩踏み出せる」ということを考えることができなかったのだと思います。

弁護士の仕事としては、借金をゼロにすれば終わりです。しかし、その人の人生をリスタートできないのではなんの意味もありません。私がこのレイ法律事務所のミッションに「リスタート」を掲げているのは、そういった経験からです。

人間関係も、破産させて一からリスタートする選択肢だってあるのです。この世のどこにも、人生をリセットしてはいけないという法律はないのですから。

第2章

無駄にトラブルを起こさない人になる15のコミュニケーションの技術

1

人の顔色は、うかがってもいい

ふるまいはすべて、人にどう思われるのか
ベースで考える

前章では、人間関係を円満に送るために必要な人間関係の８つのルールをご紹介しました。

この８つのルールはいわば、争いしらずのコミュニケーション力を手に入れるための下準備。相手のことを理解できない、と思ったらその都度、第１章に立ち返ってみてください。

さて、ここからはいよいよ、無駄にトラブルを起こさない人になるために必要なコミュニケーションのコツをお伝えしたいと思います。

人間関係は「どう思われるのか？」が大事

さて、あなたは「見せ方を気にすること」に対し、「卑怯」とか「いやらしい」といった印象を持っていませんか？

人は「自分の理想の行動とはどんなものか」と考えるとき、たいてい、「心がきれいならいい、やっていることが真っすぐならいい」と思うものですが、実際はそううまくはいきません。

冒頭でもお話しした通り、人間関係は「演出」と「対応」が10割。すなわち、周囲の人々から「どう見えるのか」があなたそのものをつくりだしているのです。逆にいえば「人からどう見えるのか」ベースでふるまいを組み立てることで、好印象をつくることは可能なのです。

もし、納得がいかないという人は、視点を少し変えて考えてみましょう。

たとえば、どれだけ心がきれいだとしても、話しかたや対応が悪い人を、あなたは「素晴らしい人だ」と思うでしょうか？

もしかしたらあなたの身の回りで悪印象を抱いている人は、「心がきれいで、やっていることがまっすぐ」な人かもしれませんが、あなたが悪印象を抱いているということは、そのことがあなたに伝わっていないということです。このように、**外見やアピールといった「見せ方」が悪い人はほぼ例外なく、そのままの印象で相手に伝わってしまう**のです。

人は相手の言葉や表情を見て、その人が好きか嫌いかを判断します。残念ながら人は超能力を持っているわけではありません。心がきれいとか、やっているいることがまっすぐかはわかりません。

だからこそ、見せ方が10割ということを念頭に置くことで、無駄な争いを起こしてしまう確率は格段に下がります。そこで気を抜いてはいけないのです。

印象をよくする方法をいくつか紹介しましょう。

1　自分が失敗してしまったら、「小さなおわび」を用意する。

例えば待ち合わせにどうしても遅刻してしまいそうなときは、缶コーヒーなどのすぐに買える「小さなおわび」を用意して渡しましょう。

失敗の大きさを注意深く判断しなくてはなりませんが、小さな失敗であれば大層なものを用意する必要はありません。その場で買えるようなもので構いません。

2
「小さな手伝い」を心がける。

見せ方が悪い人は、会社を定時に帰るときに、残業している人がいるのに「これから遊びに行く」と、つい言ってしまう人です。頑張っている人の耳に入る状況でそのような話をすると、周囲からの評価は下がってしまいます。

時間に余裕があるなら、**「仕事が早くに終わったし、少しだったら手伝おうか？」と言うだけで相手にムッとされてしまうことがなくなります。**相手は本当に手伝ってほしいわけではなく、「自分を思いやってほしい」という裏のニーズを持っています。こういった場面では、本当に手伝う必要はない場合がほとんどです。本当に時間がないときでも「お疲れさまです。頑張ってください」の一言を伝えるだけで、相手の気持ちは穏やかになるでしょう。

こういったことを言いだすのには、なかなか勇気がいります。

もしかしたら「キザ」なこと「余計な御世話」だと考えてしまうかもしれ

ませんが、さりげなくやることで、人間関係は驚くほど円滑になります。

私は芸能人の顧問弁護士としてコンサルタントもしているのですが、芸能人は特に「見せ方」が10割の職業です。信頼関係で成り立っているので、挨拶のしかた、頭の下げかた、言葉使い、それらはしっかりとして周りに誠実さが伝わるようにしましょう、とアドバイスします。

また、「テレビ局では真ん中を堂々と歩くのではなく、端を歩きましょう」ともお話しします。端を歩くことでスタッフやほかの演者への感謝を示すのです。細かいことですし、人によっては気づかないところかもしれませんが、芸能人はそれくらい「見せ方」にこだわっています。

「見せ方」を意識することは、卑怯なことでも、いやらしいことでもありません。遠慮せずにあなたが思う「素敵な人」を思い描き、行動しましょう。

2

優しすぎる人は、ある日、突然嫌われる

人の「お願いごと」を聞きすぎてはいけない

あなたには、仲良くつきあっていた相手に、急に嫌われてしまった、という経験はありませんか？

理由もわからず距離が離れてしまった友人。「どうしてこうなっちゃったの？　なにか悪いことした？」なんて聞きづらいまま、疎遠になってしまったり……。もしかしたらその原因は、相手のお願いごとを聞きすぎてしまったことが原因かもしれません。

どういうことなのか、説明していきましょう。

「頼まれがちな人」になっていませんか？

私も、人から頼みごとをされるとつい聞いてしまうタイプなので、気をつけるようにしています。それは過去に私自身に起こった、苦い経験から来ています。

昔の私は、相談者から「これをやってください」と頼まれると「いいですよ」と何でも引き受けるようにしていました。もちろん、弁護士という仕事柄、悩む相手の気持ちを思えば、手伝えることはすべて手伝っていきたいと考えています。

こうして頼まれたことをすべて引き受けるうちに、相談者は徐々に、「私がやらなくても佐藤先生がやってくれる」と考えるようになっていました。こうしてどんどんお願いがエスカレートして、ついには、他者から見ると「わがまま」を言い続ける人と、したがう人という関係になってしまったのです。

しかし、だからといってその人の身の回りの何もかもを代わりにやってあげることはできません。私が次に「できません」と答えると、「なんで、やってくれないの？」「佐藤先生は変わった」と言いはじめ、やがて攻撃するようになりました。

あなたの家族や友人関係で思い当たる節はないでしょうか。トラブルの発端を思い返すと、「家族だから」、「友人だから」何を言ってもいいという考えになったところから始まっている場合が多いように思います。

皮肉にも、仲の良さがトラブルに発展するきっかけになるのです。

「長い友人」こそ危険

家族や親友など、関係が親しくなるほど相手に甘えの感情を抱いたり、抱かれたりすることになるので、この問題は、近しい人ほど注意しなくてはなりません。

たとえば付き合いの長い友人はその典型例です。

「付き合いが長いから、あなたならわかってくれるだろう」。よく聞く言葉です。こうした考え方こそが、争いにつながる原因となります。

事務所に訪れる方からは、「長い友人だったから、わかってくれているものだと思った、幻滅してしまった」というお話を多く聞きます。友人だから、仲間だから大丈夫というのは禁物です。

これは、「人は何も言わなくとも理解してくれる。大変さを理解してくれる」という前提の意識から来ています。そういったお話をする方に、私は、「そう思うのはギャンブルと同じだよ」と必ず伝えます。

前項目でお伝えした通り、人は超能力者ではありません。

勝手に人に期待して、いい対応や、自分の思った通りの関わりかたを、まるで賭けごとのように期待するくらいなら、距離をしっかり測り、計画的に生きる方が争いを起こす可能性はぐっと下がります。

人間関係を円滑にするには適度な距離感を保つことが肝要です。

男女トラブルの相談者などもそうです。相手に甘えさせた結果、逆に攻撃対象となってしまうケースがほとんどです。労働トラブルもまたしかりです。上司が部下を甘やかしているうちに、部下が上司の言うことを聞かなくなる。そこから関係が悪くなっていく。

人との距離を保つ簡単な方法があります。

それは、**あらかじめお願いを聞く数を決めること**です。

たとえば、相手から10個のお願いがあったとして、全てに対応してしまうのではなく、７つは聞いて、３つは断る……というバランスを持つのです。

相手の「お願い」で重要度の高そうなものだけ聞いておけば、相手に負担がかかることはありません。

お願いを聞きすぎる状態は、相手からやさしい人だと思われる反面、人間関係の距離感を失ってしまう可能性もあります。お願いを聞くか、聞かないかを、両にらみでバランスをとることで、人間関係が健全なものに変わっていくことでしょう。

3

あなたの周りに人が近づかないのは、あなたが「正しい」人だから

自分の「正しさ」をむやみに押しつけてはいけないのはなぜ？

「正しさ」にこだわることで、人を遠ざけてしまうことがあります。

あなたのまわりで争いごとが起こったとき、「自分の言っていることは正しいから」という理由で、相手を追い詰めるような言い方をしたり、周囲からの反論をはねつけたりしてはいませんか？

もちろん、あなたが言っているのは、主観的にも客観的にも「正しい」ことかもしれません。しかし、だからといって、それをまっすぐに押し通してばかりいては、周囲から距離を置かれてしまいます。

人には感情というものがあり、物事が「正しいか、正しくないか」だけを見ているわけではないということを理解して、そのうえで他人とかかわっていく必要があるのです。

たとえば、職場で後輩が何か失敗をしでかしたとしましょう。

そのとき、先輩がその後輩に向かって、「お前がしっかりしていないからダメなんだ」とか「勉強してこなかったのが悪いよね」などと言ってしまったら、その先輩の言葉は「正しい」かもしれませんが、その「正しさ」は、後輩の心を折るだけです。たとえそれが事実だったとしても、その発言によって、先輩はその後輩や周囲の同僚から嫌がられたり、何かと距離を置かれるようになったりするかもしれません。

この例にかぎらず、「正しさ」が人を傷つけてしまうことは多々あります。みなさんも「自分は正しい」と思っているときほど、つい強気に出てしまうことはありませんか？　そんなとき、あなたはもしかしたら、知らず知らずに相手の心を傷つけているかもしれません。

では、どうすればよいのでしょうか？

全否定はせず、相手を肯定する

簡単な方法があります。相手の行動や言い分で「正しくない」と感じることがあっても、一部でもいいので、それを認めてみるのです。

たとえば、後輩の仕事が、あなたが期待していたようには進んでいなかったとします。そのとき、頭ごなしに「ダメだ」「できていないじゃないか」と否定するのではなく、こう言ってみてはどうでしょうか。

「進んでいないね、大丈夫？」

つまり、遅れているという事実のみを指摘してあげて、そのうえで、「あなたを心配している」という気持ちもあわせて伝えてみるのです。

人は、すべてを否定されることを嫌います。しかし、**全否定するのではなく、一部でも相手を肯定することで、あなたの言葉は、意外と相手の心の中に入っていく**ものなのです。

コミュニケーションは、対話のキャッチボールです。やみくもにボールを投げつけるのではなく、相手のグローブに入るように投げることで、はじめてキャッチボールが成り立つのです。

同じように、たとえそれが「正しい」ことでも、伝え方次第で相手を傷つけてしまうことがあります。そのことを理解して人と接するようにすれば、不要な争いごとを回避することができるでしょう。

4

「なんで私だけ！」と考えるのをやめる

自己犠牲の精神を捨てて、ストレスを溜めない自分になるみなさんは日常生活の中で、「自分ばかり頑張っている」と考えてしまうことはありませんか？　そんな自覚がある方は要注意です。**「私はこれだけやっているのに」という意識は、多くの場合、自分自身がそう思っているだけであって、周囲の人は別にそう思ってはいない**ということを理解しましょう。

たとえば、自発的に残業をしているのに、同僚が定時に帰ると腹を立てる人がいます。もちろん、定時に帰るのは悪いことではありません。むしろ、仕事は本来、定時に終わらせるものです。でも、自己犠牲の精神が強い人は、明日の分の仕事も今日片づけてしまおうなどと、善意で頑張ります。しかし最初は善意でも、みんなが帰るのを見ているうちに「自分ばかりが頑張っている」と考えるようになり、自分の心の負担が増えていきます。

こうした状況にいると、自分の時間もとれなくなって、精神的余裕もなくなります。そうして頑張れば頑張るほど負の連鎖に陥り、仕事でよい結果を出せなくなったりします。そして、「誰も助けてくれない」などと被害者的な気持ちに陥り、それが言動にも表れて、周りとの溝ができてしまうのです。

実は私自身、その傾向があるため、特に気をつけていることでもあります。

そうした頑張りは、短期的には成果を上げることもありますが、往々にして調和を不必要に乱してしまうため、結局その人の評価は残念ながら、「頑張っているね」ではなく、「独りよがりだね」となってしまうのです。


男女トラブルで私の事務所に相談に来る人の話を聞いていると、自己犠牲の精神が強い人が多いことに驚きます。「私ばかりが家事をやっている」「私ばかりが育児をやっている」「家族のために働きづめなのに理解してくれない」……。いずれも、相談者に落ち度がないものばかりです。

そこで私はいつもこうアドバイスします。

「自分が頑張っていることをアピールすれば人は助けてくれると思ったら、それは間違いです。助けてほしいときは素直に助けを求めましょう」

自己犠牲のループから抜け出すにはどうすればいい？

「自分ばかり頑張っている」と感じたときは、自分が孤立してしまっているときです。そんなときこそ、周りを見ることが重要です。

そんな状況から抜け出すためのいちばん簡単な方法は、自分ひとりで抱え込むことをやめて、周りに手伝ってもらうことです。たとえば、いま自分が頑張っていることの中で、実は家族や同僚が得意にしていることがあったら、ぜひそれをやってもらいましょう。

「自分ばかり……」と感じていることを一度書き出してみたら。意外と自分だけで抱え込まなくてもいいものが多いことに気がつくはずです。

何も、自分だけが頑張る必要はありません。日本人は「忍耐こそが美徳」と考えがちですが、**本当は、家庭でも職場でも、互いに助け合える状況をつくることのほうがよほど重要**です。そうした環境ができれば、「なんで私だけ！」という気持ちは、いつか消えていくことでしょう。

5

「都合のいい人」こそが円満な人間関係を築く

コミュニケーションにはタイミングがあることを知る

人間関係には「タイミング」があるということについて、考えたことはありますか？

人は何かと、自分から好かれなきゃ、だとか自分から頑張らなきゃ、と考えてしまいがちです。しかし、相手といい関係をつくるには、それだけでなく、**相手がコミュニケーションをしたいと思う瞬間を逃さないことが大切**なのです。

相手が「話したいな」と考えているタイミングでコミュニケーションをとると、関係はよくなります。逆に言うと、忙しくしている人に声をかけても嫌がられてしまうだけです。

コミュニケーションが下手な人は、このような「タイミング」を見つけられないだけかもしれません。

たとえば、お腹がいっぱいのときにどれだけ美味しいものを出されても、食べたいという気にはなりませんよね。「食べたくないのにな」とか「この人は空気が読めてない」と考えてしまうものです。無理に食べたとしてもあまり美味しいとは思わないでしょう。

でも、お腹が空いているときに出されたものならば、おにぎりひとつでも美味しいと感じるものです。そして、それがグッドタイミングであれば「この人は私のことを見てくれている」「この人は気が利く」となります。つまり、好かれるタイミングで相手が求めているものを提供することが重要なのです。

しかし、この「タイミング」というのは、意外と難しいものです。

人それぞれ違うものですし、話をする相手との距離感によっても変わります。たとえば忙しいのに話しかけられて嬉しい人がいれば、ちょっと面倒だな、と感じてしまう人もいます。

では、人と仲良くなれるタイミングとは何なのでしょうか？

相手は興味のある話題は必ずしたがる

距離感のある人であっても近づける簡単な方法があります。

人は興味のある話題であれば、よほどのことがない限り必ずコミュニケーションをとりたがります。**他愛のない話に時間を潰されたくない人も、興味のある話題であれば、喜んで時間を使いたがる**のです。

簡単なことすぎる、と思ってしまうかもしれませんが、こういった話題を常日頃から用意し、争わないために、相手に合わせて使い分けるとなると話は大きく変わってきます。

そこで、自分が争いごとをしたくないと思っている人々の、それぞれの興味のある話題を、最低ひとつは用意しておくことをお勧めします。

そこまで深く知っている必要はありません。大切なのは必ず話しかけなくてはいけないとき、もしくはうまくやっていかなければならない場面で相手との「タイミング」をはかり間違えてしまわないように、武器を持っている状態を作っておくことなのです。

人間関係とは「運」の産物ではありません。

人間関係が進展するにも、後退するにも、必ず理由はあります。それを見極めることで争いごとのリスクは限りなく小さくなっていくでしょう。

6

おせっかいではなく、気づかいをする

必ず「ありがとう」が返ってくるコミュニケーションとは？

円満な人間関係をつくりだすために、気づかいは欠かすことができません。しかし一歩間違えると争いごとにつながってしまう、諸刃の剣でもあります。

あなたが良かれと思って伝えたひとことが、誰にでも良いことであるとは限りません。

たとえばあなたが日頃から食べすぎだな、と感じる友人に「食べすぎだよ」と言うことは、客観的に見れば正しいことだとしても、友人にとっては「おせっかい」に感じてしまうかもしれません。

そのようなことを言われてどういう気持ちになるのかは、あなたが聞かれたくないことを聞かれたときにどう思うかを想像すれば、すぐにわかるはずです。

さきにも述べたように、コミュニケーションはキャッチボールにたとえられます。

そのたとえで言えば、相手が受け取りやすいように、ボールをグローブ目がけて投げるのが「気づかい」だとすれば、間違った気づかいというのは、相手のグローブの位置を気にせず、ただまっすぐ投げ続けるということだと言えます。

相手はグローブを必ず真正面に構えているわけではありませんし、同じ場所でボールを待っているわけでもありません。コミュニケーションも同じことで、相手が、グローブをかまえている位置に向けてボールを投げる「気づかい」をしなくては意味がありません。

もちろん、相手が気づいていない事実や考え方を伝えることは悪いことではありません。しかし、**聞いた人間が不快になるような「気づかい」はただのおせっかいになる危険をはらんでいる**ということです。本来、気づかいとはとても繊細に立ち回らなければならないものなのです。

「気づかい」をするなら、相手が喜ぶことを探してみる

そういった相手の気持ちの先を読んだ気づかいが難しいと感じるのであれ

ば、まずは相手が「ありがとう」と喜んで返事をしたくなるようなことだけを伝える、というふうにするのはいかがでしょうか？

相手が気づいていないことを指摘する気づかいは先ほど申し上げた通り、ハイリスクなものとなります。しかし、相手が言われて喜ぶであろうこと、たとえば業務中しんどそうにしていたり、気づかずネクタイが緩んでいたりなど、**それを指摘をすることで相手が「ありがとう」と言いたくなるような事柄に限定して声をかけてみる**のです。

たとえば先ほどの例でいうと「食べすぎだよ」と指摘されたら「ありがとう」とは面と向かって返しては来ないでしょう。人が心配していたり、後ろめたいと思っていることを指摘するのは、ある程度の人間関係が構築されている間柄でも難しいことが多いです。

自分が気づかっていると思ってする行いがお節介になることもある、ということを理解し、気づかっている「つもり」にならないよう、常に心がけてください。

7

人間関係は、五方美人がちょうどいい

争いごとを避ける、人間関係のベストなポジションを探る誰にでも良い顔をしようとする人をよく「八方美人」といいます。正直なところ、あまりいいニュアンスで使われる言葉ではありません。実際、もし誰かにそう言われたら傷ついてしまうのではないでしょうか。

八方美人といわれる人はたいていの場合、なぜそれが悪いことなのかを理解できません。なぜなら、八方美人と言われるような振る舞いは、周囲を気づかうという、善意から始まる行動なわけですから、それも当然の話です。

周囲に好かれようと努力を重ねることはもちろん大切ですし、その努力は続けるべきです。しかし、それが過度になって、八方美人というレッテル貼りをされた状態で生活を続けていても、周囲の信用は得られず、むしろ逆効果となります。何より「いいことをしているのに嫌われてしまう」状態に自分自身が疲れてしまうでしょう。

八方美人と呼ばれてしまう時点で、どこか「ゴマをすっている」だとか、「信用できない人間」と思われています。

言われたことがある人もない人も、ここでひとつ考えてもらいたいことがあります。それは、なぜ同じ気づかいをしているのにもかかわらず、八方美人と呼ばれる人と呼ばれない人が出てくるのか、ということです。

争わない人は八方美人ではなく、五方美人

争わない人間関係を築きあげるためには、八方美人ではなく、〝五方美人〟を意識することをおすすめします。五方美人というのは、たとえば周囲の人間が8人いるとして、すべての人に気づかうのではなく、まずは5人との関わりを深める……といった具合に、人間関係の優先順位をつけるということです。

人間関係というのは、どうやってもすべての人間に対して深いかかわりをもつことができるわけではありません。自分がしっかりと交友を持てる範囲を把握することで、コミュニケーションの負担を少なくしていきます。

仕事なら、８人いれば８人全員の頼みごとを引き受けるべきなのかもしれません。しかし、私は言いたいことは言わないとストレスが溜まるタイプなので、できないものは「できません」と言っています。

我慢して引き受けても信用や信頼は生まれません。

無理をしている関係は、お互い必ずどこかで爆発します。爆発すると嫌われるだけでなく恨まれるようになってしまいます。

恨まれることは後々、面倒になるだけですので、必ず避けましょう。その代わり、引き受けた相談は誠心誠意に取り組みます。すると相談者からの信用や信頼が上がります。

私は八方美人にはならないようにしています。

その判断基準は相談内容ではなく「人」です。「この人なら信頼できる」と思えば引き受けます。「信頼関係は築けそうにないな」と思ったら断ります。その判断は自分にとってどう思うか、という自分の軸で構いません。

五方美人でいい、と思えば、人の縁を選ぶことも怖くなくなるでしょう。

8

慎重に生きながら、気楽に生きる

恐怖主義と楽観主義をうまく使い分ける

人とうまくやっていけるか自信がなく、なかなか自分からかかわりを持つことができない。

そんな現状を改善したい方はコミュニケーションにおいて、「恐怖主義」と「楽観主義」をうまく使いこなすと、円滑な人間関係を築くことができるようになります。

失敗した経験ベースで考える「恐怖主義」

恐怖主義とは、あなたが今までしてきた失敗をベースにすえて物事を考えるということです。

過去の自分の失敗を思い返してみてください。あの日、あの場面で行動しなかったことによって、あなたの身に何が起こったでしょうか。あの時こうしていれば、と悔やんだことを思い出すと、あなたの今の行動は、まさに同じことを繰り返そうとしているのではありませんか？

自分の失敗を思い出すことで、こういう接し方をしているとのちに関係が悪化してしまうのではないかと身構え、対応することができます。

人間は反省や後悔はしますが、それを活かそうという気持ちを持つことはなかなかできません。反省や後悔した記憶とは基本的には思い出したくないものだからです。

だから人は、同じ失敗を繰り返してしまうのです。


私のところに来る相談者も、多くは失敗をしてしまった人たちです。

私もお世辞にも成功だらけの人生とはいえませんが、失敗を失敗で終わらせるのではなく、失敗から成功に持っていくお手伝いをするのが私の仕事でもあります。

どこがダメだったのかを相談者に思い返してもらうことによって「うまくやらないといけない」という気持ちになってもらいます。

失敗を思い返すのは、相談者にとってとても辛い作業です。しかし、未来のために自分の失敗から次の一手を想定する、ということができると、できるだけそのリスクを避けるように生きられます。リスクが生じても次の一手、さらに次の一手と備えておくことによって負の連鎖を止めることができるのです。

踏み出す一歩を軽くする「楽観主義」

過去をふまえて未来のリスクを考えたら、後は一歩進み出すだけ。しかし、これだけ辛いことを思い返すのですから、なかなかその一歩を踏み出すことができません。そこで大切な心構えこそが、**「まあ、いいか」という気持ちで動き出す、いわば楽観主義**です。

そんなこと、簡単にはうまくいかないと考えてしまう人は、気持ちが行動を変えていく、というより、逆に行動に気持ちを変えてもらうと考えてみてはいかがでしょうか。

私のところに来る相談者で彼氏や夫に浮気をされてしまった、という女性がいます。私はそういう人たちには「美容室やエステに行って、明るい気持ちになってみてください」とアドバイスします。

心が落ちているのなら、気分転換の役割を美容室やエステに求めてみましょうと勧めたのです。つまり、新しい一歩を踏み出すために美容室やエステに行く、と身構えるのではなく、あそこに行けば明るい気持ちにさせてもらえるんだ、と考えるということです。一歩が踏み出せると、人の心境は大きく変化していきます。


これは普段の生活にも簡単に応用できます。

自分のお気に入りの場所をいくつかピックアップして、気分転換のためだけに使うのです。これはストレス解消の方法（P30）と全く同じやり方で構いませんが、場所についてはストレス解消のために向かう場所とは別の場所にすることが望ましいです。楽観的な気分になれる場所、ストレス解消のために行く場所、などを混同せず、自分の気持ちに合わせて遊びにいける場所を作っておくことが大切なのです。

リスクを考え、慎重に行動することで争いごとになりうる火種を回避し、慎重になりすぎないよう、行動のきっかけをつくる。「恐怖主義」と「楽観主義」はどちらか一方が欠けていてもいけません。

２つの考え方を頭にしっかりと入れ込んでおくことで、争いのリスクを回避し、明るく生活できる人を目指してみましょう。

9

会話のキャッチボールの達人になろう

ただし、無理に相手に合わせようとして自分をすり減らしすぎる必要はない実のところ、会話のキャッチボールが本当に上手な人はそう多くありません。自分では上手だという自負があっても、はたから見れば、そうではない場合がほとんどです。

誰かと会話する際に、相手の話を注意深く聴いてみてください。「この人は話し上手だ」とあなたが思っている人でも、会話のキャッチボールが正しくできているかというと、意外にできていないパターンが多いことに気づくはずです。

人は、自分が提案したことに反応が返ってくることを喜びます。しかし一方で、その反応が的外れだったり、反応が良くなかったりすると、嫌な気分になったり、相手に悪い印象を持ったりするのです。

もっとも要注意なのは、思ったことをそのまま口にしてしまう人です。会話は言ってみれば、コミュニケーションをとるためのツールであり、自分の気持ちを相手にぶつけるための道具などでは決してないのです。

私は、「会話では人に合わせる」ということを意識しています。

先ほど申しあげたように、会話はキャッチボールであることを普段から意識して、相手の話に耳を傾け、相手の立場に立って考えるようにすると、心地よい会話とはどういうものかを考えられるようになります。

こうしたキャッチボールの視点が欠けている人は、会話がうまくできず、相手をいらつかせたりすることがあります。典型的なタイプとしては、次の2つがあげられます。

1 「話が長い」と言われる人

自分が聞いてほしい話や持論を一方的に相手に話し続けてはいませんか？特に「先生」と呼ばれる職業や立場の人にこのタイプが多いようです。このタイプの人は、相手から「この人とは会話ができない」と思われている可能性があるので注意しましょう。

2 なかなか返事をしない人

相手の話を聞いているときに、あいづちをうったり、うなずいたりしないので、「聞いているの？　なんか言ってよ」と言われる人がいます。こうした人は、相手が投げてきたボールを受け取ろうという態度を見せないので、やはり相手をいらつかせてしまうのです。

「ミラー効果」で相手の安心感を得る

人に合わせるテクニックのひとつに「ミラー効果」というのがあります。心理学で使われる言葉で、「同調効果」とも言われます。

元の意味は、好意を抱いている相手と同じ動作をしてしまうことですが、それを逆にとって、相手に好感をもってもらうために、意識的に相手と同じ動作や言動をしてみましょう。会話の中で信頼関係を築くために、このテクニックは大変効果があります。

具体的には、相手が飲み物を持ったタイミングでこちらも飲み物を持つ、相手が強調している言葉を自分も復唱する、などがその例です。そうすることで「この人は私をわかってくれている」「話を聞いてくれている」と安心感を抱いてもらうことができます。ただし、もちろんですが、わざと相手に合わせているということが、相手にバレてはいけません。


では、言葉のキャッチボールで相手が投げたボールが他のところに飛んでいったとしたら、どうすればいいのでしょうか？

私の場合、そうなったら必死でボールを拾いに行きます。そうしないと、相手が怒ってしまうことがあるからです。人は無視されることを嫌がる生き物なのです。そして、次は私のほうにボールがまっすぐ飛んでくるよう、会話の内容を調整します。こうした軌道修正も、会話のキャッチボールには大切なことです。

面倒なコミュニケーションは、やめてもいい

しかし、いつまでもボールがこちらに向かって飛んでこないこともあります。そんなときは、「時間がなくなったので失礼します」とフェードアウトしてもかまいません。ただし、「あなたの話が要領を得ないので」などと本当のことを言うのはもちろんNG。嘘も方便です。

上司から「飲みに行こう」と誘われることもあるかもしれません。そんなときも、上司が説教する人だったり、話が長い人だったりしたら、やはり嘘も方便。「予定があって」と言って逃げることも必要です。

嘘をつくのに抵抗がある人は、いつやってもいい予定――たとえば「買い物がある」「実家に取りにいくものがある」といった、逃げる理由をストックしておくといいでしょう。大切なのは、会話のキャッチボールで神経をすり減らしすぎる必要はないということです。

人に合わせることは、コミュニケーションにおいて必要な技術です。ただし無理せず、時には断ることも必要だということも頭に入れておきましょう。

10

自分の「トーン」を持っている人間は争わない

心の乱れを意識して、誰とでも穏やかな関係を築く人になるみなさんはいつも「忙しい、忙しい」と言ってドタバタしていませんか？

慌ただしい人、落ち着かないムードを常に出している人は、周囲にもピリピリとしたムードをつくりだして、トラブルを招いてしまいがちです。

もちろん、感情の起伏があるのは悪いことではありません。

でも、喜怒哀楽が突出している人、急に喜んだり、怒ったり、悲しんだりする、といった感情の起伏が激しすぎる人は、周囲を困らせてしまいます。

あるいは、日常生活の中で、昨日は機嫌がよかったのに今日は機嫌が悪い、ということはないでしょうか。

打ち合わせでも、腹が立ったとすごく怒ったり、争いごとになると自分が悪かったと号泣したり……。周囲の状況に感情を強く揺さぶられていると、そのうちに、自分をコントロールできない人、というレッテルを貼られてしまいます。

人は、相手の感情が乱れていることを敏感に感じ取り、影響を受けてしまいます。なので、モメごとを起こさない人になるには、感情の表現を表に出しすぎないようにして、常に一定のトーンで人と接するように心がけましょう。

自分の「トーン」を決めよう

不測の事態が起こったとき、自分が冷静でいるためには、自分の平常時の状態はどのようなものなのかを知っておくことが大切です。

というのも、「いつもの自分はこうじゃない、もっと落ち着いた性格だ」あるいは「もっと元気に振る舞っているはずだ」など、**不測の事態において思い返せる比較対象の「トーン（調子）」があると、冷静さを取り戻しやすくなる**からです。

といっても、ネガティブに考えることはありません。たとえば、自分はあわてものでいつも空回りしているタイプだと思っているとしたら、今すぐその考えを改めてください。それは自分で自分の性格をネガティブに定義して、イライラするきっかけをつくってしまっているだけです。

普段の自分がどういった性格で、どのような立ち振る舞いなのか、という自分のトーンを定義してみましょう。

やり方は簡単。自分が一番快適に過ごせるときの様子を紙に書き出してみるのです。

それは、明るく皆と話をしているときですか？　あるいは、一人で本を読んでいるときですか？　それとも、スポーツをしているときでしょうか？

一番快適に過ごせているときのテンションを基本のトーンとすることで、周囲の反応はガラリと変わることでしょう。

私のところに来る相談者で、視点が定まらず落ち着きのない人、常に貧乏ゆすりをしている人など、慌てているサインを見せる人には「まずは落ち着いてください」と声をかけます。

相談者はトラブルがあるから来るので、トラブルを思い出し、感情的になり急に怒ったり、急に泣いたりする人もいます。しかしこれでは解決に向かうのは難しくなります。

特に相談者と相手が対峙するときは、冷静になる、気持ちを落ち着かせる、ということを意識してもらうようにしています。当然ですが、相手の前で怒ったり泣いたりすると、そこを突かれてしまいます。**争いの場においては感情の起伏が致命的なウイークポイントになってしまう**のです。

もちろん、私が言いたいのは感情を消し去ってください、ということではありません。チームで何かを達成したときや、目的を果たせなかったときなどに感情を爆発するのはよいことです。一喜一憂をすることは人間にとって大事です。

常に慌てない人間でいるためには、自分を一度、客観視することが大切です。

日常生活の中で「ちょっと落ち着きがないな、余裕がないな」と思ったときは、10～20分、音をシャットアウトして深呼吸したり、瞑想したりして自分の時間をつくることを意識してみてください。

また、普段から「あいつはひどいやつだ」という悪口だったり、「自分なんてダメだ」といった自分の評価を下げたりするようなネガティブなワードを口にしないことも大切です。

言葉というのは、まるで催眠術のように、口に出すとその通りの人間になってしまいがちです。これらのネガティブワードは全て、自分のトーンをつくるうえで邪魔になります。

11

挨拶は、相手への最高のアピール

「目的のある挨拶」で相手からの印象を自在に操る

みなさんは挨拶を毎日、欠かさずしていますか？

照れくさいのか、面倒なのか、挨拶をしないでそっと職場に来る人もいます。そんな人は「コミュニケーションをとりたくないのかな？」と思われて、話しかけられることもなく、面倒な人というレッテルを貼られてしまいます。朝の挨拶をしないだけで、一日をマイナスの印象からスタートすることになってしまうのです。

でも、挨拶をきちんとしている人でも、**挨拶の印象が人の印象を決めていることを知っていて、それを活用している人は少ない**と感じます。

たとえば、私が弁護士として相談者に対面するときの多くは、声のトーンを落とし、信頼を感じさせる話し方で挨拶をします。なぜなら、事務所にいらっしゃるお客様は、私に対して元気さよりも、信頼感を求めているからです。

また、仕事で初めて会った人には、名刺を渡すより先に「よろしくお願いします」といった挨拶から始めることです。名刺の交換とは、単に交換することが目的ではありません。今後の関係づくりのために、「今日はよろしくお願いします」という挨拶をして、相手に信頼感や親しみやすい印象を与えることが大事なのです。

ここで注意しなくてはならないのが、相手との距離感。あまりにも近づくと不気味に思われますし、遠すぎると警戒しているように思われます。人一人半分くらいの、適度な距離感で名刺を差し出しましょう。名刺の出し方、そしてそのときの挨拶のしかたの両方が挨拶であると心得ましょう。

目的に合わせた挨拶をする

好ましい挨拶のしかたとは、人の気持ちに寄り添った挨拶です。
相手に合わせて元気をアピールした方がいいのか、落ち着いて信頼できることをアピールした方がいいのかも考えてみましょう。

たとえば年の離れた上司には信頼を感じさせるように落ち着いた声色で。そして年の近い同僚には元気な雰囲気で、など、「相手がどんな人を好みそうか」を考えれば、自然と求められる挨拶も決まってきます。

自分の身の回りの人が求めそうな挨拶と、今の自分の挨拶を書き出してみると、意外に自分が、うまく挨拶できていないことがわかってきます。

折り合いが悪い上司や同僚には消極的に接していたり、そもそも挨拶すら避けていたり……。無駄に相手の気持ちを逆撫でしてしまっているケースもあるかもしれません。

挨拶に加えての話ですが、慣れてきたら挨拶付近でのトークにも注意を払ってみてください。私は、相談者を見送るとき、エレベーターまでは暗い話はせず、なるべく明るい話をするようにしています。

私の事務所にいらっしゃるということは、何かに悩んでいるお客様がほとんど。帰るときまでストレートに相談者が抱えている問題について触れてしまうと、重たい気持ちを引きずったままお帰りいただくことになってしまうからです。

このように、なるべく別れ際には重たい話をしないようにすることが大切です。たとえその内容があなた自身に関係がなくても「暗い雰囲気」とあなたのイメージが結びつき、無意識にあなたがネガティブな存在に捉えられてしまう可能性があるからです。

人のイメージは行動だけでなく、話す言葉のニュアンスも影響します。暗い話題をしている人は、暗い人だと思われますし、逆に明るい話題を常に持ちかける人はよいイメージを持たれるということです。

たかが挨拶。されど挨拶です。

特に初対面の人と会うときは「挨拶に勝る名刺はなし」ということを覚えていてください。

第 2 章　無駄にトラブルを起こさない人になる
　　　　 15のコミュニケーションの技術

12

親しくなりたいなら、理由をつくろう

健全な「甘え、甘えられ」の関係をつくるために必要なこと

「人に甘えたくない」という人は、甘えられることも苦手な場合が多いものです。しかし、「甘える」という行為は裏返すと、一種の信頼の証だともいえますから、適度に甘え、甘えられる関係というのが、実は理想的です。年上は甘えてほしいものですし、年下というのは甘えたいものなのです。

相手に正しく甘えたり、甘えさせたりするためには「甘えの意味」を作らなくてはなりません。相手に対して、ただ親しくなろう、何かを得よう、と考えるような愛も尊敬もない甘え方では、逆に嫌われてしまいます。

相手が欲する「甘え」「甘えられ」の関係をつくる

たとえば、甘えてくる後輩に対して、全く相手が求めてないことを押しつけたりしては意味がありません。あるいは、仕事が早い先輩に対して、仕事が早くできる方法を教えてもらうために甘えてみるのは悪いことではありませんが、仕事は遅いけれど丁寧な先輩に素早く仕事を終えるための方法を聞いても意味がありません。

人間関係を円滑にする甘え方とは、「なぜこの人に甘えたいのか」という「甘えの理由」が相手にとっても納得できるようなものです。

相手も人間ですから、自分のいいところを認められたいし、自分が欲しているものを貰いたいものなのです。

「フレンドリーさ」の履き違えはＮＧ！

甘えるという行為は、失敗すると大変なことになる諸刃の剣です。

以前、私が企業を相手に交渉するために訪問したとき、企業から代理人の弁護士が同席したことがありました。ところがその弁護士が、とても横柄な人でした。フレンドリーな雰囲気をつくるのが得意であると思い込んでいるタイプの方で、交渉を有利に進めようとそうしたのでしょうが、あまりに周囲の人を無視した物言いにカチンと来た私はつい、「その言葉遣いと態度は失礼じゃないですか」と言ってしまいました。

同じ企業やコミュニティの先輩でさえ、言葉遣いの距離感は慎重に配慮しなくてはならないのですから、仕事であればなおさらです。

人は礼儀を欠いている行動には敏感に反応します。

たとえば、先輩などから何かを教えてもらった後に「今日は本当にありがとうございました」とちゃんとお礼をすれば礼儀がある人だと思ってもらえます。たとえ敬意を払っていたとしても、挨拶ができない人は悪印象となってしまいます。

甘えるというのは信頼関係のバロメーターであり、人間性が見えるひとつのラインとして機能します。

人に甘えないのでは、ただ孤立してしまいます。周囲との距離感が争いやすい環境をつくることは、今までにも多く示した通りです。

慎重になる気持ちもわかりますが、ぜひ、これらのことを念頭において、「甘える」というコミュニケーションをとってみてください。

13

親密さを確かめたいなら、体に触れてみればいい

人それぞれが持っている「テリトリー」を理解する

人とのコミュニケーションの際に、単に近づかない、というスタンスの人は、ただの「争いごとをしない」人です。

もちろん、この本の目的は「争わない」ことにあるのですから、それはある意味で正しいことなのかもしれません。しかし、その一歩を越えて前に進まなければ関係を良好にすることもできません。

ここで大切な、「テリトリー」のお話をしたいと思います。

人にはテリトリーという、いわゆる個人的な距離感のようなものがあり、その距離感の大小は人によって違います。そして、その適応される範囲は、人と人との物理的な距離感から、会話に現れる態度などの精神的な距離感にも及びます。

たとえば、満員電車で少し触れただけですごく嫌悪感を示す人もいれば、あまり不快感を見せない人もいます。それは人にテリトリーがあり、そこに踏み込まれているか、まだ踏み込まれていないかの違いなのです。

このテリトリーの問題の厄介なところは、近づきすぎてもダメなのですが、遠すぎる状態にあってもダメだというところです。

相手は親密であると感じているにもかかわらず、こちらがいつまでたっても近づいてこない状態だと、相手は避けられているのではないかと感じ、争いが生まれやすい環境ができてしまいます。

精神的な距離感を計測するには？

相手が心を開いてきたなというタイミングで、試しにボディタッチをしてみましょう。なんだか緊張してしまうかもしれませんが、肩を叩いて呼ぶ程度のもので十分です。嫌そうな顔をされずに会話が進むのであれば、親密度合いは上がってきていると言えます。なお、もちろん異性に触れる際にはセクハラにならないよう、充分に注意をしてください。

ため口も同様です。初対面の人にため口を聞いては嫌われるだけですが、ある程度のため口は信頼関係の証ともとられます。

私も、親しい人間に対してため口を聞かないわけではありません。相手が心を開いたなと思うタイミングでは、親密度合いを確かめる意味でもため口で話してみます。

注意をしなくてはならないのは、あまりにもフレンドリーさを演出しようとすると、軽薄な人のように思われてしまうことです。

石橋を叩いて渡る気持ちで、相手の表情、動作をよく見て距離を縮めていきましょう。人間には必ず心の扉を開く瞬間があります。そのときを確かめながら、じわりじわりと詰めていきます。

「自分にはできない」と思い込んでいる人が本当に多くいますが、冷静に自分の立ち位置を見定めれば、本来は難しいことではありません。

人と触れ合わなければ嫌われることも、争うこともないかもしれません。しかし、それではいつまでたってもコミュニケーションが生まれず、仕事や人間関係などの発展は見込めません。

14

モメごとは「ものまね」を利用して避ける

相手の行動だけでなく、価値観に同調するスタンスを身につけるあなたも人と一緒に過ごしているときに、「ああ、この人と一緒にいると心地いいな」と感じることはないでしょうか。それは相手が自然と心地よい空間をつくりだすことができているからです。

心地よい空間が生まれている状態というのは、「この人といると楽だな、楽しいな」と相手に思わせることができていることを指します。

もしそのような状況を意図的につくりだすことができれば、人と衝突をしてしまう場面を限りなく減らすことができるでしょう。

では、どうすれば心地よい空間をつくりだせるのでしょうか？

ここでぜひ、お勧めしたいのが、相手の価値観と同調する「ものまね」の技術です。

行動ではなく、相手の「スタンス」をまねる

「ものまね」というのは単に行動を真似したり服装を真似したりということ

ではなく、**相手に心地よい空間だと感じてもらうために、その人の持つ価値観になぞらえて話をする**ということです。たとえば相手が自分の好きなものやことがらについて話をしているときや、テレビで話題の事件や社会問題について話しているときに、相手のスタンスに同調してみるのです。

もちろん、何も考えずにただ同調しているだけでは、中身のない人だと思われてしまいます。相手がなぜそう思っているのか、どうしてその意見に至ったのか、というところまでを想定しながら、ものまねをしてみてください。

気になっている相手の行動を真似し、仲良くなる方法を「ミラー効果（P90）」といいますが、これらは行動だけでなく、意見のスタンスを真似することでも同様の効果を発揮します。

さらにメリットとして、**「ものまね」がうまい人は、世の中に対して多様性のある考えを持つことができます**。自分の考えだけでなく、相手の立場になって考えることができるからです。

ただし、すべての人に合わせようとすると、これもまた単なる八方美人になってしまいますので、前にもお話しした通り、五方美人のスタンス（P80）でいることも大切です。

私も相談者とは心地よい空間をつくることを大切にしています。そして一度作った心地よい空間は、いつ出会っても維持できるようにしています。

「真似をする」と聞くと、マイナスのイメージに感じてしまうかもしれませんが、争わない人になるためには、相手の立場で同調してみることも大切です。成長のためにも、ぜひ、この技術を真似してみてください。

15

道案内したり、目的地を設定する人になる

コミュニケーションで一歩先ゆく人が持っている、その場の空気づくりをする力

争わない人とは、相手の立場に立って行動できる人、適度な距離感を持ってコミュニケーションがとれる人だということを、この章では説明してきました。

しかし、それを意識するだけでは、争わない人にはなれますが、それ以上の関係性を作るとなると、より一層、自分自身のコミュニケーション力に磨きをかけなくてはなりません。

この項目では、コミュニケーションにおいて一歩先ゆく人になるために必要なスキルについて、説明したいと思います。

道案内をする人とは**ポジティブな働きかけをすることで、相手に希望を持たせることができる人**のことです。ちょうど道に迷っている人に対して、「こっちの方向に進もうよ」と案内するように、前向きな発言をして、人に力を与えるのです。

それが職場であれば、「この企画は成功するよ」「うまくいくよ」と仲間に伝え、応援します。夫婦関係であれば「共に幸せになろう」「前を向いて進んでいこう」など、パートナーに対して前向きになれるような言葉を投げかけます。

慎重になるあまり、「どうせこの企画は成功しない」、「うまくいくわけない」などとネガティブなことを言う人が、争いを引き寄せやすいということは今までにお伝えした通りです。

目的地を示す人というのは、**ちょうど地図上の目的地を指し示すように周りを照らし、その場の空気、話の流れをつかむ力を見せることができる人**です。

それは笑顔だったり、ふとした瞬間の対応だったり、その人の持つ「人柄」がつくりだすことができる力です。

対応と演出を磨けば、深い人間関係が築ける

ここまでのお話で難しそうだな、と感じた方も多いかもしれませんが、ご

安心ください。

実は、これらの力を言い換えれば対応と演出を意識する、ということでもあります。つまり、今までお伝えしたことを意識していけば、これらの力は身につけることができるのです。

根拠のないポジティブな発言は無謀なだけですが、しっかりした根拠があれば、それはまさに、相手にとって道を指し示すことになります。

私ごとですが、私自身が弁護士として大切にしているのは、裁判に勝つことだけではありません。相談者の意見を聞いて、それを理解したうえでプラスの方向へと導く。相談者の人生を実りあるものにすることです。

あなたもぜひ力を磨き、人の道を照らし、目的地を指し示すようなコミュニケーションを目指してみてください。

第3章

起こってしまったモメごとを解決する10のトラブル対応術

1

まずは落ち着いて、人をよく見る

口火を切るのはＮＧ。
まずは受け手になって情報を集める

前章で学んだ、争わない技術を発展させ、この章では、あなたがもし争いごとに巻き込まれたり、争いごとの原因になってしまったりした際の対応術についてお話をしようと思います。

複雑な人間関係があるなか、争いごとを全て避けていくのは難しいことですが、起こってしまった争いごとを解決の方向へ導くのは技術しだいです。

さて、**あなたが争いごとに対応できる人間になるための第一歩は「人をよく見ること」**です。

「何を簡単なことを！」と思われてしまうかもしれませんが、実はこれこそがシンプルだからこそ見落としがちなところで、この章でまず最初にお話しておきたかったのです。人間関係のトラブルで事務所のドアを叩く相談者には、必ずこのことを伝えさせていただいています。

ここで、あなたの行動を思い返してみてください。

日常生活……たとえば、相手のためを思って提案をしたにもかかわらず、あまりいい反応が得られなかった。仕事やアルバイトなどで、業務中に失敗をしてしまい、謝罪をしに行ったときに、謝ったにもかかわらず、なぜか頭ごなしに怒られてしまった……といった経験はありませんか？

〝人間観察力〟という言葉を使うと、なんだか難しい話のように感じてしまいますが、言い換えるとこの能力は「どれくらい人をよく見ているか」という話なのです。

相手に何かを伝えたいときは、まず相手をよく観察してみましょう。言動や顔の表情などから怒っているのか、好意を持っているのか、または眠いとかお腹が空いているとか、いろんなことが見えてくるはずです。

あなただって、怒っているときだったり、眠かったり、お腹が空いているときに何かを言われると、つい腹が立ってしまうことがあるでしょう。相手にも同じことが起こっているといえます。

相手が不機嫌なときにお願いごとをしてしまったりするから、聞いてもらえないどころか、逆に逆鱗に触れて、嫌われてしまうのです。また、怒っている相手にまだ謝るタイミングではないのに謝って、さらに怒らせることもあります。相手をよく観察することによって、不必要に相手を刺激することをなくすことができます。

あなたが相手に話しかけたときは、仕事で忙しいときや、家庭のことで頭がいっぱいな時期ではありませんでしたか？　もしくは、何か次の準備をしているタイミングではありませんでしたか？　**言動の中に相手が重きを置いている何かがあるはず**なので、そのちょっとしたポイントを見つけてみてください。

あなたが争わない人になるための第一歩は相手をよく見ることです。
相手が欲しいものを理解し、刺激しない状況をつくってみてください。

2

モメたら相手の「消火スイッチ」を探そう

相手の怒りを鎮めるには
何が必要なのかを見極める

争いの場で弁護士として間に入るとき、**相手に隠された「消火スイッチ」はどこか**、ということをよく考えます。

ここでいう「消火スイッチ」を探すということは、相手が求めている答えを探す、ということです。相手が求めているものを探すことができれば話はたいてい、よい方向に向かっていきます。

私は争いを前に気が立っている相談者であれば、何がゴールなのか、何が目的なのかをまず聞きます。お金を取り戻したいのか、仲直りしたいのか？

それに合わせて、和解につながるストーリーを組み立てます。

これが仮に仕事の場合であれば、相手が何を求めているのかを知ることはさほど難しくはないでしょう。たとえば、営業であれば得意先に求めていることを聞くだけで済みます。また、上司や先輩が求めているものの多くは「結果」です。

しかし、人間関係において何を求めているのかというのは、多くの場合、なかなか知ることはできません。ましてやそれが争いの状況であればなおさらです。だから、会話の中で探していくしかないのです。

聞き出すためには自分の話をするより聞き役に徹しましょう。口論になっていたり、常日頃から険悪な関係が続いていたりすると、なかなか会話を成立させることが難しいと思います。しかし、ここは勇気を出して、「どうしたいのか？」と聞いてみましょう。

観察で本質を見定める

労働トラブルや夫婦間のトラブルでいらっしゃる相談者の多くは、相手の「消火スイッチ」を探すだけで、わざわざ弁護士に相談したり、訴訟を起こしたりしないで済むケースが大半です。

相手の訴えの全容を開くと「これは、攻撃的にならずに、ちゃんと最初に謝ればすぐに終わる話なのに」と思うことが多々あります。

複雑な人間関係、もちろん争いの原因はこの限りではありませんが、相手に会うと「お金の問題ではなく、謝ってくれればそれでいい」と話す人は多いということもまた事実なのです。

怒りの根底にある本質をつかまず、頭ごなしに攻撃し合い、互いに嫌い合ってしまうから、より燃えあがってしまう。それはもちろん怒りもありますが、これ以上争いごとを発展させたくないという気持ちから消火スイッチを探すことを恐れてしまう、という本音もあるのかもしれません。

相手と普通に接しているだけでは、それ以上嫌われはしなくとも、関係の改善はありません。火傷を我慢して消火のスイッチを探すことで、関係改善への道が開けます。

3

相手の本心を聞きだす

怒る相手の本心を聞くために必要な聞く技術とは

では、争っている相手から本心を聞きだすには、どのようにすればよいのでしょうか？　人の話を聞く、というのはただ人の話に耳を傾ける、ということだけではありません。**聞くという行為は、顔の表情や動作も含めてのものであること**を肝に銘じましょう。

たとえば、上司や先輩、友人から怒られたとき、話を黙って聞くのは当たり前ですが、このときに不満そうな顔や、納得していない顔を見せてしまうと、火に油を注ぐことになり、10分で終わる話が20分かかることにもなります。

争いの場において話を聞くときは相手が話して満足する空気づくりが大切です。相手の承認欲求を満たし、否定をせずに聞くことです。

このとき、その人の価値観で話をすることが大切です。

その価値観が自分とは違っても、否定せず、同意していなくともそれを顔に出さないことです。以前お話をした「ものまね」の力（P１１６）を思い出してください。

相談者と話をしていると、この「聞く力」をうまく発揮できていない人が本当に多いんだな、と感じます。

基本的に争いの根底にあるのは、不満です。

ですから**不満の正体を明らかにすると、一気に争いごとは収束へと向かっていきます**。心の底から共感しなくてはいけないと考えてしまうからかうまく相手の本心を聞き出せないのもしれませんが、トラブル対応においては、そのようなことを気にする必要はありません。あなたの身の回りに起こるトラブルを解決するためのものですから、あくまで争いごとをなくすために行動すればよいのです。

実は聞く力を鍛えるための、簡単なエクササイズがあります。

1

日頃の会話では、ただ耳を傾けるだけでなく表情も意識する。

少しオーバーリアクションになってしまってもいいので、会話では表情を意識しましょう。びっくりしたことであれば驚いた顔を、悲しい話を聞いたら悲しい顔を意識的にするのです。

2

相手の話を一度も否定せずに聞いてみる。

争いの場であればなかなか難しいかもしれませんが、日常会話であればやりやすいと思います。否定をせずに最後まで、人の話を聞ききってみましょう。意識的に聞く立場に回ることで、会話の中で聞くスタンスでいるための練習になります。

4

会話は「カウンター型」を意識する

相手の欲求を満たすための返事のしかたを学ぶ

相手の話の聞き方を学んだら、ワンセットで話し方も学びましょう。一般的にいい話し方といえば、滑舌よく、ゆっくりしゃべることですが、争いごとの対応であれば、注意しなくてはならないことはそれ以上に増えます。**モメごとをおさめるためには、相手の怒りのボルテージが自然と下がっていくよう、意図的に演出をする必要があります。**でもそれは、先に言ったように滑舌よくゆっくりとしゃべることのみを心がけるだけでは足りません。

相手と話をしていると、いつもやりくるめられたり、自分の思う通りに話が進んでいかない人は、相手の言動に対して、「カウンター型」の対応を心がけてみましょう。

相手の承認欲求を満たす返事をする

争いの場においては、相手が話して満足する空気づくり（＝承認欲求を満たす空気）が大切だと、先ほどの項目では述べました。これをこちらが話すスタンスでも応用します。

具体的には、「そうだよね」「大変だよね」といった言葉を投げかけ、相手が悲しんでいることや、不満に思っていることにカウンターを仕掛けるように同意していくのです。

これも、ただ同意するだけではうまくいきません。

相手が不満に思っていることをしっかりと確認し、「不満点を解消するために、自分が今、あなたの意見に同意している」という流れを組み立てておかなければなりません。意味のある謝罪をしなければ相手はより一層傷つき、あなたに対して攻撃的になってしまうのです。

このようなカウンター型のやりとりの技術は、何も考えずに身につくものではなかなかありません。しかし、普段から意識して練習すれば、比較的すんなりと身につけることができます。

たとえば、話が終わった相手に「面白いと思った」と感想を伝えたり、「大変だよね」といった共感をしてみたりしましょう。

最初は違和感があると思いますが、これを長く続けていくと、話の要点が自然とつかめるようになりますし、普段の会話は、意外と大切な感想を伝えずに次の話に移っていることが多いと気がつくでしょう。

この技術を身につければ、相手の承認欲求を満たす会話ができるようになり、相手の気持ちが満たされていくうちに、会話は自然と、あなたが求める話の方向へと進んでいきます。

会話に「ドレスコード」を設定する

また、他にも、会話を自分のペースに持っていくための方法はあります。たとえば、早口の人にあえてゆっくりとしゃべると、相手も落ち着いてきます。また、馴れ馴れしく会話をする人に丁寧な言葉で返すと、相手も丁寧なしゃべり方になっていきます。**意識して会話の雰囲気、いわば「ドレスコード」を設定し、演出すると、自然と相手はその演出に乗ってきてくれる**のです。

私が新人の弁護士だった当初、勤めていた弁護士事務所では女性の相談者の受任率はほぼ100%だった頃がありました。受任率というのは、最初に面談してそのまま継続して担当する割合のことです。

人には相性というものがあるので、相談者が「この弁護士、私と合わない」と思うと自由に弁護士を変更することができるというシステムでした。私から女性の相談者が離れなかったのは、もしかしたら、私の用意した会話のドレスコードが、女性に対して有効だったからなのかもしれません。

話すときは聞くときと同じで、顔の表情や動作を含めた演出を忘れずにしてください。話すことに集中しすぎて、相手の話を聞く動作がおろそかにならないようにしましょう。聞くことと話すことは必ずセットであることを肝に銘じてください。先にちゃんと聞いて情報を収集して、その情報をもとをすると好かれます。最初に自分から会話を切り出さなければいけないこともあるとは思いますが、基本は相手の話を聞くことです。

私も相談者に対しては意見や不満をちゃんと聞いて、それに対して答える、というスタンスをとっています。

また、解決方法を導き出す際には、弁護士としての自分が知っていることを伝えるだけではなく、必ず、「会話の中から二人で導き出した結論である」ということを強調します。

というのも、私は弁護士としての積み重ねがあるので、事件の例などを辿れば相談者の悩みを一言で対処できる場合も多いのですが、それをやっていては相談者の満足度が低くなってしまうからです。

どんな立場であろうと、どんな年齢であろうと、基本的に人は話をしたいものなのです。なので、まずは相手にしっかりと話をさせてから物事を進めるようにすることで、納得感をしっかり相手に持ってもらいましょう。

5

失敗したら、「謝罪」と「改善策」を示す

人は失敗ではなく、
対応で争うということを肝に銘じる

失敗をしたときに言いわけをすると、より大きな争いへと発展します。

「こうなった理由は自分ではない」と言いたくなる気持ちはわかりますし、皆もそうして弁解をしているはずなのに、なぜ自分だけが言いわけをしている、と相手に受け取られてしまうのでしょうか？　それは、もしかすると**言いわけと経緯説明の差がわかっていない**せいかもしれません。

依頼者と相手方との話し合いの場に行くと「自分は悪くない」と言わんばかりに、まず言いわけを始める人がほとんどで、相手に謝罪する、ということを忘れてしまっている場合が非常に多くみられます。

話し合いの場であると、自分が悪くないことをまず示さなくてはならないと考えてしまい、物事の本質を見失いがちです。何か自分に悪いことがあった場合は、まず「私にこんな落ち度がありました。申しわけございません」と素直に謝ることが大切です。

怒っている相手からすれば、「あなたに責任がある」と怒っているのです。

なのに「私のせいではありません」と言ってしまうから、相手の怒りのボルテージを上げてしまうことになるのです。

しかし、どうしても怒られる場に向かうとなると怖くなってしまうもの。きちんと謝罪をしたい気持ちよりも先に、自分のことを過度に守ってしまいがちな方も多いのではないでしょうか？

こうした争いの場は改めて謝罪に行く、というパターンも多いので、もし自分がうまく謝罪できないのであれば、最低限、次のことを書いて準備しておきましょう。

- **なぜ、このようなトラブルが起こってしまったのかという経緯。**
- **この問題の原因はどこにあるのか。**
- **どうすればこの問題は解決するのか。**

まずは落ち度やミスを認めたうえでちゃんと謝罪しましょう。

そのトラブルの原因を明示することも大事です。自分の非を認め、謝って相手を落ち着かせてから、理由を説明することです。

そして、そのうえで具体的な改善案を提示するのです。ここで大事なのは「具体的」であることです。抽象的な改善策は「何も考えていない」とさらに相手を怒らせるだけです。

表情も大切です。

「申し訳ない」という気持ちを表情でも伝えなければ、相手には伝わりません。また、改善案を言うときは自信を持って、明るい顔をしましょう。

こうした表情を意識することで、より相手に「伝わる」謝罪ができるようになります。

人は失敗ではなく、対応で争う

人は失敗をしたから争う、ということはありません。

原因の多くは失敗をした瞬間の反応、失敗を続ける人間の対応が原因となります。

上司や先輩のパワーハラスメントを受けた、解雇された、という相談者の話を聞くと、怒られたときの対応のまずさが原因であることが少なからずあります。

人に怒られたら腹が立って反論したくなるものです。そして、つい謝るのは恥だとか、謝ると自分の価値を下げてしまう、と考えてしまうのもよくわかります。

しかし、**こういった場面で最も自分の価値を下げるのは、自分のことだけを考える話し方です。**

まずは相手のことを第一に考えること。そのうえで相手を話の中心にすえることができれば、自然と自分にとってもメリットのある結果に導かれていくものなのです。

6

賢い反論、自分の首を絞める反論

こちらから話をするタイミングを間違えてはいけない

争いごとになったとき、話せば話すほどに長引いてしまって、心をすり減らしてしまうことはありませんか？

問題があったとき、相手に対して「あなたが悪い」と反論を続けているだけでは解決にはつながりません。相手も売り言葉に買い言葉といった具合に、ただ喧嘩が長引いてしまうだけだからです。

余計に嫌われ、そのやりとりを続けるうちに、相手はやがてあなたに対して「絶対に許さない」と考えるようになります。

職場での喧嘩、友達との喧嘩、恋人との喧嘩、家族との喧嘩など、さまざまな喧嘩がありますが、その共通点は、争いを続けるための反論をするせいで、無駄に争いが長引いてしまっているケースがほとんどです。

反論は、喧嘩をするためではなく、お互いの怒りを鎮めるためにしましょう。ただし、いきなり柔軟になるだけでは相手の怒りが発散されないので、タイミングを見計らうことが肝要です。

いきなり解決策を提示したとしても、相手が怒っている状態はどんなによい解決策でも反論されるだけです。怒っている相手が文句をあらかた言い終わって一瞬、静まったときに話をするのです。トーンダウンをしたときがチャンスです。何かを主張されたり、請求されたりしているときは、すぐに反応せずにタイミングを待つことも戦略のひとつです。

こうした考え方は、ただの喧嘩だけではなく、もっと公の争いでも役立ちます。

男女トラブルや、夫婦喧嘩からの離婚相談といった状況では、性格の不一致からトラブルになることがとても多くあります。その性格の不一致が目立ってしまうケースがほとんどであることから、「あなたが悪い」「お前が悪い」といった、「争いを続けるための反論」をし続けているだけ、という状況に陥ることが非常に多いです。

こういった状況では、**相手を責め立てるのではなく、相手が冷静に話せる状況をつくることが大切**です。

まずは冷静になって不平不満を言ってもらいましょう。外出ばかりで家にいないとか、家事をあまりしないとか、もしかしたら、あなたの全く想像のつかないような「不満」も出てくるかもしれません。浮気しているんじゃないかとか、ギャンブルをしているんじゃないかとか、そうしてお互い、何がいけないのかを理解してもらって、そのあとに、解決の方向へと話を持っていきます。

このように相手と争うためではなく、問題解決のために必要な話を提示していくと、問題はどんどんシンプルになります。

夫婦喧嘩の果ての離婚話なら、不満を出し切ってもらったあとに、離婚のデメリットを伝えます。離婚をしないのであれば、それではルールを作りましょう、帰宅時間が不満なら、早く帰るようにしましょう、家事をしましょう、といった建設的な改善案を示すのです。お互い、問題の所在と解決策について納得すると、問題解決の糸口がつかめます。また、ここでひとつポイントですが、改善策は「……しなければならない」という義務的な言いかたより、「……しよう」という、提案的な表現のほうが納得してもらいやすいものとなります。

芸能人の相談者で多いのは、自分が今所属している事務所を辞めたいという話です。

このときもすぐに飛び出すのではなく、事務所にプラスになるように、たとえば、いくつかの仕事をこなして事務所に利益を残すよう解決策を提案するなど、できるだけＷｉｎ－Ｗｉｎに持っていくことを第一に交渉内容を決定していきます。

もちろん、法律的には事務所側には辞めさせることを止められません。しかし、事務所からしてみれば、せっかく育て上げたのに、と腹が立つものです。だからＷｉｎ－Ｗｉｎな解決策を提案することで、移籍トラブルの多くは円滑に進めることができます。

ハラスメントや傷害事件でも同じです。全て自分のプラスになる方法を求めるのではなく、相手側にもメリットがある形で和解を持っていきます。

あなたも問題が起こったら次のことを第一に、「解決に向けた反論」を構成していきましょう。

・相手を冷静にさせる。

・双方にメリットのある、Win-Winな解決策を提案する。

弁護士は勝ってこその弁護士ですが、ただ勝つだけでは恨みを買うこともあります。それでは相談者にデメリットを与えてしまうことにもなりかねません。

人間の恨みの感情ほど怖いものはありません。人は恨むと凄まじい力で足を引っ張ろうとします。だから、そうならないように、お互いがハッピーになるように終わらせることが大事なのです。

7

「説明力」でトラブルを最小限におさめる

言いわけと説明の違いを理解する

あなたは事実関係を伝えるとき、上司や相手につい、大げさに話をしてしまうことはありませんか？　もちろん、話の流れ上、どうしても必要な場面もあるのかもしれませんが、往々にしてそのような嘘はたいていすぐにバレて、それがさらに相手を怒らせることになりがちです。

こういった場面では感情を入れず、淡々と事実関係を伝えましょう。

自分を守ろうとか、誰かのせいにしようと考えるなど、余計な感情がプラスされてしまうと、怒りを買ってしまうことになります。

怖いと考える気持ちもわかりますが、そこをぐっとこらえて、言いわけではなく事実関係を伝えると、驚くほど話がうまく回ります。冷静に事実関係を伝えても怒るような上司なら、それは上司に問題があるだけです。

言いわけではなく「説明力」を身につける

事実関係を伝えるときには、「起承転結」を考えて、伝え漏れのないようにすることが大切です。

事実関係を並べると誰かが原因である場合があります。

しかし、誰かを原因だと断言してしまうと、責任をその誰かに押し付けているように受け取られてしまいますので、伝えるときは客観的な視点であることを常に考えましょう。

テレビで謝罪会見を見ることがあると思いますが、感情的になって泣いたりすると後で世間から批判されますよね。私は相談者が相手に謝罪するときには、「事実関係を丁寧に述べてください。余計な感情は入れずに、決して相手に責任があるような言い方はしないでください」とアドバイスします。

難しいのは冷静になることと他人事にするのとは違う、ということです。あくまでも失敗の原因は自分にあるというスタンスです。

また、当たり前ですが、嘘をつく、隠すということは絶対にいけません。

話の辻褄を合わせるために嘘をついたり隠したりすると相手はそこを突いてきます。そのため、偽りや隠ぺいと思われないよう、しっかりと事実関係を確認することも重要です。

他にも自信のない断定、根拠に基づいてはっきりと言えないこと、記憶があやふやなのに、その場しのぎで発言するのもよくありません。

「可能性があります」「記憶がはっきりしませんが」といったことは、はっきりと言うことです。

怒られることを恐れてはいけない

ここまでしっかりと相手に伝えていても、怒られるときは怒られます。なぜならあなたは失敗をしてしまっているからです。しかし、無駄に怒られるポイントを少なくすることはできます。

私の法律事務所には冤罪の相談者も来ますが、逆に、恐れるあまり、やってもいないことを認めることがあります。

「お前がやったのか！」と怒鳴られても客観的に説明することが大事です。

冷静になれないのなら「整理する時間をください」と言うことです。その場しのぎで「やりました」と言うのは事態を改善させるのではなく、悪化させるだけです。あなたが問題の説明を求められたら、次の6つのことを意識して話しましょう。

- **感情を入れずに丁寧に事実関係を伝える。**
- **言い訳と思われないよう、事実と原因を分析して説明する。**
- **嘘をついたり隠したりしない。**
- **はっきりしないことは「はっきりしない」と言う。**
- **やってもいないことを「やりました」とは言わない。**
- **冷静になれないときは「考える時間をください」と言う。**

また、問題が起こった時にこれらを考えられるようになると、相手の立ち振る舞いを冷静に見ることができるようになり、本章で紹介している他のテクニックに結びつけやすくなります。

たとえば「相手が求めているものは何か」ですとか「どんなことが原因で怒っているのか」「何を伝えれば問題は消火されるのか」などといったことが、説明をしているうちに見えてくるようになるのです。

どんなテクニックも使いこなせなくては意味がありません。

説明力を磨き、人を冷静に見る力を養うことは、今までにお伝えしたテクニックを自在に使いこなすためのよいきっかけとなります。ぜひ身につけてみてください。

8

モメた相手を味方にする

共通の敵を探し出し、
争いを根本から解決する

あなたが今、巻き込まれている争いごとの原因はなんでしょうか？

たとえば、仕事で相手といさかいが起きてしまったとします。その場合であれば、それはあなたに責任があるのではなく、もしかしたらもともと問題が起こりそうな仕事であった可能性はないでしょうか。

または、一人の友人を中心に、両者が争うことになってしまったのであれば、原因は二人ではなく、その中心にいる友人にあるのではないでしょうか。

このように、もしその原因が自分ではなく、あなたの周囲の環境や人にあるのであれば、あなたは自分ごとではない問題に巻き込まれているだけだと言えます。

こういった場合は、問題の原因は自分にあるわけではないので、いくら双方で話をしていてもうまくいきません。そこでぜひおすすめしたいのが、敵を味方にする、という問題解決の方法です。

共通の敵を探す

まずは対立構造にある相手との対立構造をなくし、問題の原因、共通の敵をともに探りましょう。

もしかしたら、この「敵」とは、人ではないかもしれません。たとえば仕事で起こった問題であれば職場の制度、夫婦のお互いの時間がなかなか一致しないということであれば、時間こそが本当の敵だといえるでしょう。

弁護士というのは、ある意味、相手との間にある「共通の敵」を探す仕事でもあります。労働問題であれば、「会社の業務体制や売上の改善」、学校でのいじめ問題であれば「学校の指導力や監督機能の改善」など、実は問題の原因というのは人のように見えていて、人ではないケースが多くあります。

味方に巻き込むためには対話を重視しましょう。そして対話の場面では、以前お伝えした客観的に事実を伝える方法（P156）が役に立つでしょう。

人格批判を避ける

対話の中で意見がぶつかってしまうことがありますが、これは致し方ないことではあります。ただし、このとき大事なのは、相手はのちに共通の敵と戦う味方になるという意識を持ち、感情的な「人格批判」をしないということです。

私も弁護士として相手と戦うときは相談者に「人格批判はしないでください」と必ず伝えます。親子のトラブル、男女のトラブルでは感情的になってお互いの人格批判になってしまうことで問題をエスカレートさせる原因となるからです。

お互いに冷静になって、客観的な事実や怒った原因を理解して対話すれば仲直りもでき、前にも進めるのです。機嫌を悪くして喧嘩をしている時間ほど無駄なものはありません。

また、人格批判をされた相手はそのことを決して忘れません。人間は強い恨みの感情を簡単には消せないので、のちのち時間が経ち、その人が敵ではなくなった際に、なんらかの形であなたに不都合をもたらす場合があります。

無事に協力関係を結べたのなら、きっとその相手は、あなたにとって最も強力な問題解決の味方になってくれることでしょう。

争いごとというのは一度俯瞰した視点から考えてみると、当事者の意識からは見えない、大きな問題の原因が見えてくることがあります。

モメごとの本質とはどんなことなのか、何をすれば解決するのか、ということをよく考えてみると、あなたと相手が傷ついたり、嫌な思いをしたりせずとも、新しい道が開けてくるのです。

9

奪う人よりも与える人になる

互いにメリットがある状況をつくり、和解の道を探る当たり前のことですが、相手から何かを奪う人は嫌われ、与える人は好かれます。本当は誰もが「与える人」になれればよいのですが、多くの人は「与えると損をする」と考えてしまい、うまくいきません。

それが、争いごとならなおのことです。

両者ともに自分にとってのいい結果を求めて争うのですから、必ず相手の何かを奪わなければいけない、と考えてしまうのは仕方のないことです。

しかし、実際には奪い合いをしているだけでは一向に問題は解決せず、心はすり減るばかり。

ここはひとつ視点を変えて、相手に何かを「与える」ということを考えてみてはいかがでしょうか？

「与える」トラブル対応のスタンスをとってみる

一般的な争いごとでは、どちらかがお金だったり、時間だったり、関係性だったりを「奪う」流れになりがちですが、そこであえて、相手に何か譲ってみましょう。たとえばお金のやりとりで争ったのであれば、一括で返してもらうのではなく、分割で返してもらう。家庭内の問題であれば、夫や妻に約束を守ってもらう代わりに自分が何かをしてあげるなど、本当に達成してもらいたいことをしてもらう代わりに、こちらも何か譲歩するのです。

「奪うものより与えるものになった方がいい」という考えは、裁判を検討する相談者にも伝えています。相談者は自分が勝ちたいと思っていますし、みなさんもこういった弁護士が間に入る争いごとは「相手から何かを奪う」ことだとお考えだと思いますが、実はそれだけではありません。

離婚相談や財産問題では「相手から全てを奪いたい」と相談者は言いますが、それでは相手が納得するわけがありません。

そんな場合は、最低限何が欲しいのか、一番守りたいものは何かを確認して、相手にも何かを残すようにします。なるべく互いにメリットがある状態にするのです。そうすることで争いごとが終わった後、場合によっては関係が継続することもあります。結果的にはお互いに与え合ったことにより、得をするのです。

また、普段の生活でも、人に何かを与え続けている人間は争いごとを避けやすくなります。与えるといっても、与えるものはお金や物に限りません。夢や希望、元気などもそれに含まれます。アイドルやアスリートなどは人に笑顔や勇気を与えてくれますが、アイドルやアスリートでなくとも人に幸せを与えることはできるはずです。

たとえば「頑張れ」と伝えることで、相手が頑張ることができたら、それは相手に何かを与えられたということです。

このような小さな言葉や気持ちを与える相手が増えれば、必ず彼らはあなたに「与える」人になってくれることでしょう。

10

あえて人間関係を寝かせてみる

どうしてもおさまらないモメごとへの最終手段

これから仲良くしていきたい、楽しく過ごしていきたい、と考えていたとしても、なかなかうまくいかないということがあります。

それは相手に近づきすぎてしまったからなのか、もともと疎遠だったのか、それとも昔の争いが原因なのか……。世の中の人の数だけ、理由はあるでしょう。

もし、人間関係がにっちもさっちもいかない、という状況になってしまったら、最終手段として、あえて人間関係を断ち切ってみるというのもひとつのトラブル対応術です。

人間関係には３つのフェーズがある

人間関係には「出会う」「育てる」「寝かす」という、３つのフェーズがあります。たとえば職場だったり、サークルだったりのコミュニティに入り、人間関係の種まきをするのが「出会い」のフェーズです。コミュニケーションを駆使して人とつながり、関係性を広げていきます。

そして次に来るのが「育てる」フェーズ。

出会った人たちとの関係性をより深め、その距離を近づけていきます。

しかし、交流を続けていくうちに、人はお互いのことをよく知りすぎてしまいます。最初はいいところだらけで唯一無二だと思っていた親友も、実は時間やお金にルーズだったり、ムッとするような出来事が起こってしまったりすることで、その関係性にヒビが入っていってしまいます。

このヒビを修繕しようと努力するのですが、一度入ったヒビというのはなかなか修繕することが難しく、結局関係は崩れてしまうことがあります。

もちろん崩れることはあっても再度修復することは可能ですし、人間関係というのは多かれ少なかれ、そういった崩壊と再構築で成り立っている一面もあります。

しかし、一度崩壊してしまった、もしくは崩壊しそうな関係性の中には、修復不可能である事態も存在しています。

こうした事態に直面すると、人は無理やり頑張って関係を修繕しようと躍起になります。しかし、このような修復不可能な事態においては躍起になればなるほど、相手との溝は深まっていくばかりとなってしまい、むしろ逆効果のケースがほとんどです。

たいていの人は、このような事態になるとそのまま関係を消滅させてしまい、その後二度と会わないといった状態になってしまいます。

しかし、こんな状況になっても関係をある程度改善できるテクニックがあります。それが３つめのフェーズ、「寝かす」という考え方です。

つながりすぎた関係を寝かせる

こうした問題は何か行動を起こすより、そのままあえて距離を置くことで関係の自然治癒を待つ方が効果的な場合があります。

「寝かす」というのは完全に関係を断つ、というふうにも聞こえてしまいますが、どちらかというと細く長く、という関係に持っていくというニュアンスです。たとえば実際に会うことは少なくなってもメッセージアプリやSNSでコミュニケーションはとり続けている、といった状況です。

互いに関係がつながりすぎてしまっているからこそ、距離を離すことで、冷静に関係を俯瞰するきっかけにもなります。また、嫌だと感じる部分など、関係が近づきすぎてしまったことによって目立っていたところも、ある程度寛容に見ることができるようになります。


人間関係ですから、もちろんずっと良好であることに越したことはありません。しかしもし、良好な関係をこれからも続けられないと感じる場面が出てきた場合は、そのまま続けていても意味がありませんし、何より当事者が疲れてしまいます。

あえて「寝かせる」ことで関係修復のきっかけにもつながるということは覚えていて損はないでしょう。

おわりに

コミュニケーションが変われば人生が変わる。

私はそう思っています。

弁護士になってから多くの事件を担当し、解決してまいりました。その中で気づいたことは、事件の大半はコミュニケーションのズレから生じているということでした。そして、そうした大きな事件になる前には必ず、小さなモメごとが積み重なっています。

本書では、それらの大きなモメごとを未然に防げるよう、コミュニケーションのノウハウをお伝えしたつもりです。

コミュニケーションは、人間関係を築くためにとても重要な要素ですが、学校では教えてくれません。多くの方々は、生活の中で、少しずつコミュニケーションを学んでいきます。しかし、その多くは自分の価値観にもとづいたものであるため、人と衝突が生まれ、嫌な気持ちになったり、悲しい気持ちになったりします。多くの方々にご経験があるのではないでしょうか？

最近は、高校や大学、企業で講演会をする機会が増えており、いろいろなお話をさせてもらっていますが、その中で、一番質問が多いのが「コミュニケーション」についてです。また企業の管理職や社長からも「企業内のコミュニケーションをどうしたらいいですか」という質問がよくあります。

こうして講演を続けていると、まるで私がコミュニケーション巧者であると思われてしまうかもしれません。しかし、私自身も決してコミュニケーション能力が高いわけではありません。ただ、私は人間関係を円滑にするために大事なことを理解し、トラブルを未然に防ぐコミュニケーションを実践しているだけです。

本書でも、多くの項目でお伝えした通り、**コミュニケーションとは知識と技術なのです。**

つまり、誰でもコミュニケーションで大事なことを学び、技術を身につければ、「コミュニケーション能力が高い人間」を演出することができます。

このことについて、もしかしたら、「所詮、見せかけのコミュニケーション」「ずるいコミュニケーション」と批判もあるかもしれません。

でも、たとえ最初は見せかけのコミュニケーションでも繰り返すうちに自分の本当のコミュニケーションとなっていきます。「守・破・離」という言葉がありますが、最初は真似から始めても、徐々に自分のオリジナルにしていけばいいのです。

本書は、私個人の経験と弁護士としての経験、そして会社の経営者としての経験、そして先人たちの経験から学んだコミュニケーションの技術を一冊に凝縮いたしました。

書籍は、絵画のように鑑賞をするためのものではありません。

本書を読まれた方は、どれでもよいので、まずは実践してください。

残念ながら本を読んで実践する人は1％以下といわれています。継続する人は、0・1％以下と言われています。つまり、本書を読んで、実行したあなたはすでに「100人に1人」となり、継続できた方は「1000人に1人」となります。本を読み、満足しただけでは何も変わりませんが、継続できた人は、必ず変われます。


今回、字数の関係で本書に盛り込めなかった細かいテクニックもありますが、それはまた別の機会にお伝えできれば、と思っています。

一人でも多くの方々、企業の方々に読んでいただき、一つでも多くのコミュニケーショントラブルが減り、一人でも多くの方々が笑顔で生きることができるようになることを心から祈っております。

最後になりますが、私の引き出しを広げ、さまざまなアイディアを出して頂き、また効率的な打ち合わせをして頂いた編集者の塔下太朗さん、本書が生まれるきっかけを作って下さり、そして読みやすくまとめていただいたライターの大橋博之さんには心から感謝いたします。お二人の協力がなかったら本書は生まれなかったと思います。

また本書が生まれるまで支えてくれたレイ法律事務所のスタッフ全員にも感謝をしており、この場を借りて、お礼を伝えたいと思っております。

おそらくレイ法律事務所を設立し、今の仲間たちと出会えていなかったら、本書は生まれていなかったでしょう。全てはご縁だと思っております。

全ての人が笑顔で生き、笑顔で毎日を過ごせますように。

２０１８年　１月吉日　　富士山を見ながら。　佐藤大和